•FONTANA•

ADAM SMITH

INVESTIGACIÓN SOBRE LA NATURALEZA Y CAUSAS DE

LA RIQUEZA DE LAS NACIONES

COMPENDIO DEL MARQUÉS DE CONDORCET

TRADUCCIÓN:

J. L. SADA

PRÓLOGO Y PRESENTACIÓN:

FRANCESC LLUIS CARDONA,

Doctor en Historia y Catedrático

INVESTIGACIÓN SOBRE LA NATURALEZA Y CAUSAS DE LA RIQUEZA DE LAS NACIONES,
Adam Smith

Prólogo / Presentación: Francesc Lluis Cardona
Traducción: J. L. Sada
Diseño gráfico / Ilustración portada: Daniel Jurado

Edita: Olmak Trade S.L.
C/ Roca Plana 1
08110 - Montcada i Reixac
Barcelona (España)

www.olmaktrade.com
info@olmaktrade.com

@O_BookTrade
#ClásicosFontana

Impreso en España / Printed in Spain

I.S.B.N: 978-84-10109-57-5
Depósito Legal: B 10095-2024

Estudio preliminar

El autor y su mundo

Nació en Kirkaldy, Fileshire (Escocia) en 1723. Sabemos que a los 14 años inició estudios universitarios en Glasgow en cuya Universidad se graduó en 1740. Después se trasladó a Oxford ampliando sus conocimientos de filosofía clásica y contemporánea. Tras el regreso a su población natal fue llamado para realizar una serie de seminarios públicos en la Universidad de Edimburgo sobre los más variados temas históricos, filosóficos y económicos con tanto aprovechamiento que consiguió una plaza de profesor en la Universidad de Glasgow en la especialidad de lógica. Poco después fue trasladado a la cátedra de filosofía moral que englobaba materias teológicas, éticas, de derecho y economía política tras su amistad con Hutchenson. Allí conoció al inventor de la máquina de vapor James Watt y al filósofo David Hume y frecuentó a los ricos comerciantes escoceses, inestimable amistad que le serviría después para escribir su gran obra.

Su primera popularidad se debió a la publicación en 1759 de la *Teoría de los sentimientos morales* influido por Hume. Charles Towsend que llegaría a ser responsable fiscal de las colonias que entonces buscaba un tutor para su hijastro el duque de Buccleuch, requirió los servicios de A. Smith que aceptó tras renunciar a su puesto de Glasgow y se reunió con su tutorado en Tolouse (Francia). Allí inició la redacción de *La riqueza de las naciones* que le catapultaría a la fama. Entre 1764 - 1766) realizaría un viaje por la Europa continental. En Ginebra encontraría a Voltaire y en

París se pondría en contacto con los *fisiócratas* y su mentor François Quesnay que fundamentaban la agricultura como única fuente de riqueza.

En 1767 se estableció en Londres, consiguió el nombramiento de *fellow*, o miembro de la Royal Society y trabó amistad con Edmund Burke, Samuel Johnson, Edward Gibbon y quizás Benjamín Franlin. Sin embargo, pronto regresó a su población natal en donde se estuvo por espacio de seis años terminando de redactar su gran obra que aparecería en 1776 en Londres con el título completo de *An inquiry into the nature and causes of the wealth of nations* (Una ivestigación sobre la naturaleza y causas de la riqueza de las naciones).

Dos años más tarde fue nombrado comisionado de aduanas de Edimburgo. Aunque no alcanzó el éxito inmediato, poco a poco su fama se extendió sobremanera y cuando murió en Edimburgo en 1790, Smith era ya una gran personalidad colmada de honores. Desgraciadamente, muchos de sus manuscritos fueron destruidos por deseo propio y sin ninguna explicación. No obstante, aunque también tuviera muchos detractores, no pudo borrar el justo título de padre de la economía moderna.

Estudio especial de *La riqueza de las naciones*

La aparición de la obra aseguraría la preponderancia de la escuela económica inglesa que seguiría, entre otros con Maithus y Ricardo y fundaría definitivamente la economía política convirtiéndola en ciencia de la riqueza, siendo considerada como la *Biblia del liberalismo económico*. Posteriormente la obra sería traducida a diversos idiomas, José Antonio Ortiz, lo hizo al castellano en 1794.

En ella desempeña un papel de primer orden la naturaleza humana, tema que ya desenvolviera Smith en su anterior *Teoría de los sentimientos morales*, aunque está vez aparece otro elemento, un proceso vertebrador de dicha naturaleza que posee como consecuencia la creación de una sociedad ordenada y eficiente, la *mano invisible* de la competencia que reduce los precios a su nivel natural, que se corresponden con su coste de producción y provoca el traslado del trabajo y del capital a los sectores de los que extraen un mayor provecho.

Smith creía que existía un orden de los fenómenos naturales que podía ser observado mediante la observación o el sentido moral y que la organización social y la legislación positiva debería conformarse, más que ir en contra de ese orden.

Enemigo acérrimo de la política *mercantilista* que durante los ss. XVI al XVIII preconizaba que la fuente de riqueza de un país era la acumulación de metales preciosos y el proteccionismo, pregonaba la libre competencia y el libre cambio en el comercio internacional, así como la iniciativa privada en frente del estado que no ha de intervenir en la política económica, sino salvaguardarla, su famoso *laissez faire, laissez passer et le monde suivre* (dejar hacer, dejar pasar y el mundo sigue). El Estado solamente debería intervenir para proteger el territorio nacional de una invasión extranjera, para impartir justicia y para construir las obras públicas necesarias para el progreso de la humanidad. Smith reconoció también la necesidad de una intervención estatal, por ejemplo un *arancel* para las industrias recientes.

Además, al relacionar el coste de producción con sus componentes, es decir, los salarios, las rentas y los beneficios, que a su vez son percibidos por las tres grandes clases sociales, los trabajadores, los terratenientes y los empresarios o manufactureros, Smith elaboró una teoría integral de la distribución de la riqueza.

La división del trabajo en las sociedades modernas, creadora de productividad y base del enriquecimiento de las naciones, hace a los hombres dependientes unos de otros, gracias al intercambio, el trabajo de cada uno le permite acceder al producto de los demás. Por lo tanto, la cantidad de trabajo incluida en la producción (y no en la tierra, tal como afirmaban los fisiócratas) explica el valor de intercambio de bienes.

Una organización feliz de la economía se consigue espontáneamente en toda sociedad donde el hombre pueda actuar bajo el impuso de su interés personal. El precio verdadero de las mercancías alrededor del que oscila el precio del mercado. Cuando la demanda es inferior a la oferta, el industrial cesa de fabricar la mercancía que vende con pérdidas; la oferta disminuye entonces hasta volver al equilibrio con la demanda, lo cual provoca situar el precio del mercado por encima del coste de producción. Por el mismo motivo, el interés personal incitará también al productor a fabricar más de la mercancía que le aporte mayores ganancias, por ser la oferta inferior a la demanda, produciéndose entonces el efecto contrario y así sucesivamente, la *ley de la oferta y de la demanda y del interés personal* permiten a las sociedades adaptarse y organizarse armoniosamente.

Adam Smith no previó las crisis cíclicas del sistema capitalista basado en el liberalismo más salvaje y que hablan de culminar con el *crack* financiero de 1929, crisis de superproducción y con las últimas crisis de nuestra época.

En materia de finanzas públicas A. Smith enunció los principios clásicos del impuesto, definidos en cuatro reglas:

justicia: los súbditos de cada Estado deben contribuir a los gastos del gobierno, tanto como les sea posible en proporción de la renta que ellos disfrutan. *Veracidad* la contribución impuesta a cada ciudadano debe ser cierta y no arbitraria. La época; el modo, la cuota de pago, todo debe de ser claro y limpio para el contribuyente, así como para toda otra persona, *comodidad.* Toda contribución debe ser recaudada en la época y según el modo que parezca más conveniente para los contribuyentes. *Economía.* Toda contribución debe establecerse con objeto de retirar de los bolsillos del pueblo tan poco como sea posible. Si en materia de impuestos se siguieran verazmente a rajatabla los principios de A. Smith, otro gallo cantaría a la Hacienda pública y a la nuestra. No faltan en su famosa obra reflexiones críticas sobre el empobrecimiento espiritual de los obreros sometidos a una división del trabajo extrema y sobre muchas de las actitudes de los empresarios. En definitiva, el principal logro teórico de A. Smith fue dar el primer paso hacia una teoría de la asignación de recursos eficiente y óptima bajo condiciones de libre competencia. Se ha dicho que antes de A. Smith existían discusiones económicas y después de A. Smith la gente discute sobre Economía.

Francesc Lluis Cardona

ADAM SMITH

INVESTIGACIÓN SOBRE LA NATURALEZA Y CAUSAS DE

LA RIQUEZA DE LAS NACIONES

Discurso preliminar del traductor

Todos los seres por una ley general de la naturaleza buscan su conservación: el ser humano en el estado natural, aventurado a los ataques de las fieras, al rigor de las estaciones, y al poderoso acicate de sus necesidades, encontró en su semejante compañero en los trabajos, defensa en los peligros, desahogo en sus satisfacciones, y la utilidad recíproca de esta compañía fue sin discusión el origen de la sociedad. La subsistencia de sus individuos ocupó ciertamente a estas comunidades primitivas, las cuales debieron crecer como consecuencia de los medios que tuvieron de subsistir. Este principio no se ha puesto entela de juicio jamás: los seres humanos son como los pájaros; su número crece, y se multiplica cuando encuentra con abundancia los alimentos. Los salvajes, que poseen en la caza y pesca una subsistencia incierta y penosa, se encuentran muy lejos de llegar a aquel punto de población en que observamos a las naciones civilizadas, que poseen las cosas necesarias. Como a la vez que ha crecido la población y la riqueza, han aumentado asimismo las necesidades y los deseos, se ha convertido en embarazoso en las grandes sociedades, por la variedad de ramos que las componen, establecer aquella circulación de fondos, y de medios que las conservan y fortalecen: en esta tesitura la economía política es la brújula que puede orientar a quien posea en su mano las riendas del gobierno para el desempeño de tan gran misión. Esto descubre la importancia de una ciencia que influye tanto en la felicidad pública: su buena aplicación es la que, para significarlo así, arrastra el arado, y fertiliza las campiñas; la que mueve las industriosas máquinas de las fábricas, y la que despliega las velas, que para nuestra comodidad traen de los países más remotos los diversos frutos que la naturaleza ha sembrado por toda la superficie del planeta: sin un profundo conocimiento de ella los trabajos que se hagan para aumentar en un país la población y la riqueza, serán tentativas vanas, que nunca producirán el efecto buscado. Esto es lo que en la actualidad se percibe en toda la Europa: apenas existe nación que no esté al día con el entusiasmo de fomentar la agricultura, promover la industria, y proteger el comercio; en todas partes se menciona a las empresas y establecimientos: todos están de acuerdo en sus objetivos: ¿pero cuántos poseen el gusto de verlas realizadas? Desengañémonos, no basta querer construir un palacio, y tener amontonados los materiales, es imprescindible que la arquitectura proyecte el plan, aplique los medios, y construya el edificio. La economía política es la mano arquitectónica que ha de dirigir la obra magna de la prosperidad pública. Divúlguense sus conocimientos; cundan y extiéndanse las buenas ideas, y destierre finalmente la verdad al error de un imperio que por nuestra desgracia ha sido muy añejo.

Este ha sido el objeto que me he propuesto en la redacción del compendio de la mejor obra de economía política que se ha escrito hasta ahora. La riqueza de las naciones es ya obra muy conocida y acreditada para detenerme en hacer su elogio: el nombre del Marques de Condorcet, que ha hecho el análisis que presentamos, es un testimonio de la estima que debe merecer esta obra, que aunque magistral en su clase, será casi ineficaz para los que la lean sin principios. Esta es una obra facultativa, abstracta y profunda; en ella se pone de relieve la composición y organización económica y política de los estados, y los medios de mantenerlos y fortalecerlos; se pormenorizan los primeros elementos de una ciencia hasta aquí poco conocida en España, y que, como las demás, posee una nomenclatura particular que es necesario conocer; por último hacen falta conocimientos económicos para entender los resultados trascendentales que ofrece este compendio.

Comienza el autor manifestando que el trabajo anual es el saco de donde todas las naciones obtienen su subsistencia, y que la proporción de su producto con el número de los consumidores es la auténtica causa de la riqueza o pobreza de un estado. Dos son, afirma, las circunstancias principales que obran en esta proporción; la agilidad y destreza que se une con el trabajo, y la razón en que están los empleados con provecho, y los que no tienen una ocupación productiva. Cualquiera que sea el clima, situación o fertilidad de un territorio, su abundancia o escasez esta precisamente sujeta a estos principios inamovibles.

De aquí pasa el autor a exponer en el libro I las causas de los progresos del trabajo, y el orden y medios por donde su producto se va distribuyendo naturalmente entre todas las clases y miembros de la sociedad. De la distribución de las tareas nace precisamente la distinción entre los empleados útilmente, y los que no tienen una ocupación productiva; y como el número de los primeros es siempre proporcionado al fondo o capital que se aplica al trabajo, y al modo de hacer esta aplicación, trata el autor en el libro II de la naturaleza de los capitales o fondos, y de la diversidad de ocupaciones que resultan según la diferente utilización.

Casi todas las naciones han escogido caminos diferentes para llegar a la prosperidad a que aspiraban: unas han promocionado la agricultura, otras han favorecido la industria; pero desde la decadencia del Imperio Romano esta ha conseguido una protección particular. El autor entra en las causas de esta preferencia, y presenta en el libro III los pasos por donde la industria ha venido a conseguirla. Esto le lleva naturalmente a examinar las diferentes teorías sobre la industria y la agricultura, y emplea todo el libro IV en explicarlas, y demostrar sus principales consecuencias.

Después de haber expuesto en los cuatro libros primeros en que consiste la renta general del pueblo, y la naturaleza de los fondos de donde en todos tiempos han sacado las naciones las cosas necesarias, se ocupa el autor en el libro V de las rentas públicas, y de las del Soberano. En este último libro se mencionan cuales son los gastos del Soberano o del pueblo; los que deben sufragarse mediante una contribución general, y los que solo por una particular; los medios más adecuados para hacer iguales las contribuciones; las ventajas e inconvenientes de estos diferentes medios; y finalmente, trata de las deudas públicas, y de la influencia que han tenido en la riqueza de los estados.

Este esquemático plan de la obra trae consigo la importancia y utilidad de los puntos que se tocan en ella; pero la inteligencia y penetración con que el autor reduce a sistema las verdades políticas antes aisladas o desconocidas, el modo de presentar su enlace con toda la claridad y precisión de que son capaces, no es a mi entender su menor mérito y recomendación. Es lástima, ciertamente, que haya querido el autor hacer a veces con sus teorías aplicaciones impropias; pero si esta frivolidad podía privarnos de los tesoros que encierra, el compendio que presentamos reúne todas las ventajas sin tener los mismos inconvenientes. En él se hallan recopilados aquellos principios que pueden mirarse como los ejes de la economía política: y presentamos aumentados del original inglés algunos de los artículos que pueden contribuir a dar más luz a los asuntos que nos preocupan, entre ellos la historia del banco de depósito de Amsterdam.

Si en un tiempo en que la nación empieza a dar valor a estos útiles conocimientos podemos ratificar sus ideas, y hacer familiares aquellos sólidos principios que pueden influir en su bienestar, no tendremos que arrepentimos de este trabajo, a que solo nos ha movido el amor y bien de nuestra patria.

Don Juan Carlos Martínez de Irujo
Oficial de la primera Secretaría de Estado
(año 1803)

Libro I: Examen de la obra titulada: *Naturaleza y causas de la riqueza de las naciones*

El autor de la obra que presentamos considera al trabajo como origen de todas las riquezas de las naciones, y tomando como base este concepto examina en el libro primero las causas productivas del trabajo, y el orden con que sus productos se han ido distribuyendo naturalmente entre las diferentes clases sociales.

La perfección, dice, de las artes, la destreza, y el juicio que en el día se aplican en todas partes al trabajo, y le dirigen, como asimismo el haberse, por decirlo así, desarrollado las tuerzas productivas de él, parece que son producto de su división; esto es, del cuidado que se ha puesto en distribuir entre muchas manos las diferentes operaciones de un mismo proceso.

Sirva de ejemplo una manufactura, que parece frívola y de poca consideración, pero cuyo por menor se ha admirado no pocas veces, y sea esta la fábrica de alfileres.

Un individuo desenvuelve el alambre de latón, otro lo endereza, otro lo corta, en una parte aguzan la punta, en otra se prepara el extremo sobre que debe colocarse la cabeza; para hacerla y proporcionarla se necesitan dos o tres maniobras distintas; el ponerla es otra ocupación, como también blanquear los ahilares, y todavía colocarlos en el papel. Finalmente, diez y ocho operaciones componen el gran arte de fabricar un alfiler.

En muchas manufacturas estas diez y ocho operaciones tienen lugar por casi otras tantas manos diferentes. Supongamos ahora a estos mismos obreros, todavía nuevos en su oficio, y que trabajan todos con separación. Es muy probable que ninguno de ellos presente fabricado un alfiler al cabo del día, o por lo menos no llegará a obtener veinte, que no es la ducentésima cuadragésima parte, ni acaso la cuatro mil octingentésima de los que se pueden fabricar al día con una división sensata, y una oportuna combinación de sus diversas operaciones.

Las consecuencias de la división del trabajo son idénticas en todas las artes, aunque no en todas se puede fraccionar tanto, ni reducirlos a operaciones tan simples. Sin embargo, al paso que las artes mecánicas se vayan ramificando, se han de aumentar precisamente los productos del trabajo. ¿No habrá sido el conocimiento de esta ventaja la causa de que los diferentes oficios formen hoy otros tantos empleos separados? ¿Y no observamos esta división mucho mayor en los países que han alcanzado el grado más elevado de industria y de cultura?

La imposibilidad de separar de este modo todos los ramos de la agricultura es probablemente lo que más frena que los progresos de esta igualen a los de las fábricas. Si los pueblos más ricos son superiores a los que no lo son tanto, porque el cultivo es más cuidadoso, y las fábricas más perfectas, deben por lo general a estas últimas su superioridad.

¿Pero en qué consiste que la división de las tareas lleve a un aumento tan grande en el producto de estos mismos obreros, respecto a la que habrían abandonando ésta división, y abrazando cada uno en particular el trabajo por entero?

Tres son las causas que pueden señalarse, e incluso ellas mismas son otros tantos efectos de esta provechosa división.

Primera, que se aumenta la destreza y habilidad en cada operario. Segunda, que se ahorra el tiempo que por lo general se pierde pasando de una ocupación a otra: y finalmente, que se inventan muchas máquinas, que facilitan y abrevian el trabajo, y con las que un obrero solo es capaz de producir el trabajo de muchos.

El aumento de habilidad o facilidad de cada oficial hace por necesidad que aumente el total de la obra que puede ejecutar; porque la división de la labor, reduciendo a una simple operación la ocupación de cada hombre, y haciendo que esta operación sola le ocupe durante su vida, debe precisamente hacer más ágil y diestro al oficial.

El ahorro del tiempo que se pierde regularmente pasando de una obra a otra se ha de tener más en cuenta de lo que parece a primera vista; porque el tejedor v. g. que cultive una corta porción de terreno, ha de perder mucho tiempo en ir y venir de su telar al campo, y del campo a su telar. La pérdida de tiempo es menor cuando pueden realizarse dos labores distintas en un mismo taller; pero aun en este caso no deja de ser de consideración, pues un obrero que pasa de una ocupación a otra pierde siempre algo de su actividad; no está tan animado al principio, y para decirlo así y tarda en fijarse en aquel objeto, de lo cual resulta que se distrae más que trabaja.

Por último no hay quien deje de conocer lo mucho que el uso de las máquinas perfeccionadas por la experiencia contribuye a facilitar y abreviar el trabajo. Por lo mismo es inútil mencionar ejemplos: solo expondré que la invención de estas máquinas parece se debió en su origen a la división de las tareas. A la verdad, si fijando un hombre toda su atención en un objeto solo, aprende cada día los medios más sencillos y rápidos de llegar con más facilidad al objetivo que se propone que repartiéndola entre muchos a un tiempo; ¿no es muy natural que pensemos; que con el auxilio de la división del trabajo que acapara toda la atención de cada obrero con una operación sola, se encuentren entre los numerosos artesanos entregados a un ramo particular de la misma labor, algunos que hallen al fin medios más fáciles y prontos de perfeccionar su obra, siempre que esta sea susceptible de semejante perfección?

Muchas máquinas ingeniosas, que dan movimiento a las manufacturas en que el trabajo está sujeto a un número mayor de subdivisiones, las inventaron simples artesanos, que ceñidos a una operación muy sencilla, llegaron naturalmente a encontrar el método de hacerla más fácil y pronta.

Cuando comenzaron a usarse las bombas de fuego se ocupaban muchachos para abrir y cerrar alternativamente la comunicación entre el horno y el cilindro, al tiempo que iba subiendo y bajando el pistón o émbolo: uno de estos muchachos, deseando ir a jugar con sus compañeros, observó que atando una cuerda por un lado al asa de la válvula que abría esta comunicación, y por el otro a otra parte de la máquina, la válvula se levantaría y bajaría por sí, y le dejaría algunos minutos libres para el juego.

De este modo una de las mayores perfecciones de esta máquina, después de su invención, se debe a un muchacho que quería ganar tiempo para divertirse.

Sin embargo, no todas las máquinas deben su existencia y perfección a los artesanos que las tienen en sus obradores y talleres: unas son hijas de la invención de los maquinistas, cuyos trabajos forman un oficio separado; las otras de la sabiduría de los filósofos, que sin poseer oficio determinado lo miran y observan todo, haciéndose así capaces de combinar las fuerzas de los objetos más diversos y distintos. La filosofía especulativa en medio de los progresos de la sociedad viene a ser, como los demás empleos, la única o la principal ocupación de una clase particular de ciudadanos; e incluso entre ellos se subdivide esta filosofía en un gran numero de ocupaciones diversas, que separadas constituyen clases distintas de observadores: esta distribución del trabajo produce en la filosofía, como en los demás empleos, el efecto de ganar tiempo y aumentar destreza, porque cada ramo de nuestros conocimientos se cultiva por un individuo experto, y todos juntos nos producen mayor fruto, y el árbol de las ciencias adquiere mayor incremento y robustez.

De esta manera la división de los trabajos, al propio tiempo que multiplica el producto de todas las artes en una sociedad bien ordenada, produce la riqueza universal, que circula y se alcanza hasta la última clase del pueblo. El artesano, después de reservar la porción de su obra que necesita, puede disponer de una gran parte de la que la sobra; y como este es un beneficio común a todos, puede cada uno cambiar una porción considerable de su sobrante por otra del sobrante de los demás: por este medio los abastece con abundancia de lo que necesitan, y por su parte hacen ellos otro tanto con él; resultando de aquí una abundancia general que, como he dicho, se extiende y se reparte entre todas las clases y miembros de la sociedad.

Para apoyar esta afirmación examina nuestro autor la suma y variedad de trabajos que en un país culto y rico entra en la composición formal del gasto del consumidor más reducido; y manifiesta, que sin el concurso de muchos millares de obreros en un país civilizado, no podría el de conveniencias más moderadas aprender a las necesidades de una vida, que juzgamos erróneamente que es fácil y sencilla.

En verdad podemos creerla tal, si la comparamos con el lujo extraordinario que ha llegado a hacerse necesidad para los grandes y ricos; sin embargo, los gastos de un Monarca poderoso de Europa quizás no llevan tanta ventaja a los de un particular industrioso y frugal, como los de este mismo particular a los de un Monarca Africano, dueño absoluto de la vida y libertad de diez y ocho mil negros reducidos a la desnudez.

Después de haber demostrado el autor las ventajas de la división del trabajo, se dedica a investigar su origen. No puede convencerse a que esta división fuese en su principio efecto de la cordura humana: el ser humano en aquellos primeros tiempos no previó la riqueza general que goza en el día (porque su atención no se extendía a proyectos de tanta utilidad y extensión); y no previéndola, no pudo ocurrirle la idea de prevenirla.

Esta división es consecuencia necesaria, aunque paulatina y gradual, de la inclinación de nuestra naturaleza; porque gustamos cambiar lo que tenemos por lo que no está en nuestro poder. Sea esta inclinación en el ser humano uno de aquellos principios primitivos que no podemos explicar, o como parece más probable, provenga de la facultad de hablar y razonar, lo cierto es que es común a todos los hombres, y ajena de los demás animales, que parece desconocen los trueques, los cambios, y cualquier especie de contrato.

Esta inclinación en nosotros es el medio con que logramos de los demás la mayor parte de los beneficios recíprocos que con tanta frecuencia necesitamos: esta inclinación del ser humano a los trueques y cambios puede considerarse como la fuente de la división del trabajo. Por ejemplo, si en un grupo de cazadores y pastores hubiera alguno que hiciese los arcos y las flechas con mayor rapidez y perfección que los demás, cambiaría muchas veces sus obras por el ganado o caza de que estén provistos sus compañeros, y de este modo se encontraría más bien surtido de caza y de ganado, que viviendo en medio de los rebaños y de las fatigas de la caza; calculando así su verdadero interés, miraría como su principal ocupación el trabajar arcos y flechas. Ya ha surgido en este salvaje una especie de armero; otro se hace carpintero por el mismo motivo, otro calderero o herrero, otro curtidor, etc.; y así sucesivamente luego que se asegura cada uno de que puede cambiar el sobrante de un trabajo inútil para su consumo por él sobrante del de los otros que necesita, cada uno se aplica a una profesión particular, y se determina a cultivar y incluso a perfeccionar el genio y talento que puede tener para aquel oficio.

Es verdad que no hay entre los seres humanos una diferencia tan grande de inteligencia como algunos creen; y el mismo talento que en la edad madura parece que distingue los de profesiones opuestas, más bien es efecto que causa de la división del trabajo. Los talentos menos parecidos, como el de un filósofo y un mozo de esquina, parece que no son producto de la naturaleza tanto como de la costumbre, del ejemplo y de la educación. Al nacer los dos, y en los primeros años de su vida había entre ellos tal semejanza, que sus mismos padres y los testigos de sus juegos apenas podrían percibir alguna diferencia que los distinguiese, ni aun a la edad de ocho años, o poco después que estos muchachos se entregaron a ocupaciones opuestas. Después se empezó a percibir la diferencia: fue esta creciendo por grados, hasta que al fin la vanidad del filósofo no quiso reconocer la menor conformidad ; pero sin esta inclinación que naturalmente poseemos a los trueques y cambios, cada uno de estos dos se hubiera visto precisado a atender solo sí a las necesidades de la vida; ambos hubieran tenido que dedicarse a las mismas ocupaciones y hacer las mismas obras: en una palabra, no se hubiera notado diferencia alguna en sus ocupaciones; y esta diferencia es la verdadera causa que origina el talento.

Como la inclinación a los trueques y cambios ha originado la variedad de talentos, que hacen más destacado la de las profesiones, debemos atribuir la utilidad de estas diferencias para la sociedad al mismo principio. Algunas razas de animales, que de común consentimiento no forman más que una especie, recibieron de la naturaleza una diversidad de instinto, que no se manifiesta en tanto grado entre los seres humanos antes de su educación y costumbres sociables. La diferencia que el talento y la capacidad señalan entre el filósofo y el mozo de esquina, no corresponde quizás a la mitad de la que hay entre el perro dogo y el lebrel, el lebrel y el perro faldero, el perro faldero y el de ganado; pero como estos animales no tienen voluntad, ni facultad de cambiar cosa alguna entre sí, les es imposible comunicarse recíprocamente los efectos de la diversidad de sus genios, y se ven por esta razón sin poder contribuir a mejorar su especie. Por el contrario, entre los hombres los talentos más opuestos se prestan una mutua utilidad. La diversidad de productos de sus diferentes talentos, común a todos por la disposición general que tienen a los trueques y cambios, constituye un fondo común en que cada individuo puede comprar la parte de producto del talento de los demás que necesite.

Pero como la división del trabajo se deriva de la facultad de permutar, se ha aumentado o disminuido aquella por la menor o mayor extensión del ejercicio de la otra: esto es, la división del trabajo y la venta posee idéntica extensión.

Cuando la venta es reducida, incierta o difícil, ninguno se resuelve a dedicarse íntegramente a una profesión, porque no puede cambiar el producto sobrante de un trabajo, que no necesita para su consumo, por parte del de los demás, que le hace falta para socorrer sus necesidades. Hay varios ramos de industria, incluso de los de la última clase, que no pueden ejercerse sino en ciudades grandes. Los artesanos establecidos en los lugares se ven precisados en casi todos los países a dedicarse a varias secciones de una misma industria, que por la conexión que tienen entre sí pueden ejercerse sobre la misma materia; y así el carpintero es el que hace todas las obras de madera, y el herrero todas las de hierro.

No es posible que en las partes interiores y remotas de la Escocia pueda un oficio solo, por ejemplo, el de hacer clavos, ocupar todo el trabajo de un obrero, porque esta tarea al cabo del año, contando en él trescientos días útiles a razón de mil clavos cada día, produciría trescientos mil clavos; en aquellos lugares casi desiertos apenas se podrían vender mil al año, que es lo mismo que decir que para todo un año bastaría el trabajo de un día.

Como los ríos y los mares facilitan más el transporte que los caminos, y abren a toda clase de industria mayor comercio, se hace necesario que haya empezado la industria a subdividirse por sí misma, y extenderse en las costas de los mares y en las orillas de los ríos navegables.

No ha omitido el autor las pruebas históricas y topográficas para hacer más evidente tan clara proposición y pasa después al examen del uso y origen de la moneda.

Cuando empezó el trabajo a dividirse se ofrecerían continuas dificultades para probar los cambios; porque además de la de conseguir lo que uno necesitaba a cambio de su sobrante, sería muy difícil establecer una proporción exacta entre los objetos cambiados. Fácil es prever que además del producto particular de la industria propia, era necesario que cada uno tuviese siempre en su poder aquella mercancía que pudiera cambiar con facilidad por la industria de los demás. Al principio, sin vacilar, se adoptó generalmente cierta clase de efectos que sirvieron para el cambio general, e incluso se asegura que en los primeros tiempos el ganado fue el objeto de este acuerdo.

“Homero dice que la armadura de Diomedes solo había costado nueve bueyes; pero que la de Glauco había costado ciento.”

La sal en Abisinia, ciertos caracoles en algunos parajes de la India, pescado seco en las tierras últimamente descubiertas, el tabaco en Virginia, son el instrumento común del comercio y de los cambios.

Sin embargo parece que los seres humanos, impulsados por razones poderosas, han convenido en dar la preferencia para este fin a los metales, porque se guardan mejor que ninguno otro género sin diminución, porque son las cosas más durables de la naturaleza, porque sin perder el valor pueden dividirse en muchas partes, y volverse a juntar mediante la liquidación o fundición que los había separado ; y esta cualidad, que no posee ninguna otra mercancía de tan inalterable duración, y que es superior a las calidades de las demás substancias, proporciona solo a los metales la ventaja de circular como signos del comercio. Varios fueron los metales que emplearon en este uso las naciones: los antiguos Espartanos se valieron del hierro; los Romanos del cobre; y del oro y la plata todas las naciones ricas y comerciantes.

Estos metales, en sus comienzos de figuras irregulares, sin marca ni señal que los acreditase, circulaban en bruto, y no podía dejar de ser su uso muy engorroso por la necesidad de pesarlos y ensayarlos continuamente. No es difícil conocer la enorme facilidad que esto proporcionaba para los fraudes.

Para evitar los abusos, facilitar los cambios, y fomentar la industria y comercio, reconocieron los pueblos cultos la necesidad de poner un sello público a ciertas porciones de metales, que corrían en las compras y ventas i y este fue el origen de la moneda.

Habiéndose hecho el dinero instrumento general del comercio entre las naciones cultas, se compra, se vende, e incluso se cambia hoy con él toda especie de mercancías.

Examinemos ahora las normas que los seres humanos siguen naturalmente ya en el cambio de las mercancías entre sí, o ya con el dinero. Estas normas determinan el valor relativo, o el valor del cambio.

Debemos advertir ahora que la palabra valor posee dos sentidos: en algunos casos significa la ventaja o utilidad que sacamos de una cosa, y en otros la proporción que ofrece para cambiarlo por otra. En la primera significación le llamaremos valor de utilidad, y en la segunda valor de cambio. Las cosas de mayor valor de utilidad suelen tener por lo general poco valor, de cambio, y al contrario a veces las de mayor valor de cambio no tienen, o tienen poquísimo valor de utilidad. Nada es tan útil que el agua; pero difícilmente se hace con ella ningún contrato ni cambio; por el contrario, un diamante es poco útil, pero puede cambiarse por una gran cantidad de dinero, o por una porción considerable de mercancía.

Para investigar con más prontitud los principios que fijan o señalan el valor del cambio, procuraremos manifestar:

En primer lugar la medida real de este valor, o por mejor señalar el precio efectivo de todas las, mercancías.

En segundo lugar, las diferentes partes que constituyen este precio efectivo.

Por último la variedad de circunstancias que hacen subir o bajar de su nivel ordinario estas partes diferentes, ya juntas, ya separadas: esto es, las causas que alterando algunas veces el precio de la venta, impiden que el valor accidental no sea conforme con el efectivo. No seguiremos al autor en la aplicación de estas diferentes proposiciones, porque es, necesario leerlas en la obra original, y quizás una sola lectura no bastará para los que quieran aprenderlas. Pasamos al capítulo en que trata del salario y beneficio en las diferentes aplicaciones del trabajo y de los fondos.

Este salario y utilidad, que en las diferentes aplicaciones del trabajo y de los fondos deberían ser equitativas; y que se inclinan siempre a esta equidad, nos presenta sin embargo en toda la Europa diferencias, cuyas causas debemos investigar con tiento, El autor corre con mucha astucia el velo que las cubre; examina ciertamente las que nacen de la misma naturaleza de dichas aplicaciones, y manifiesta que son cinco las circunstancias principales que, a lo que ha podido observar, suplen la corta utilidad pecuniaria en algunas ocupaciones, y hacen contrapeso de mayores ganancias en otras. La primera consiste en la comodidad o incomodidad de estas ocupaciones: la segunda en la facilidad o dificultad del aprendizaje, según sea más caro o más barato: la tercera en la continuación o interrupción de la obra: la cuarta en los límites o extensión de la confianza que es necesario dar a los sujetos que se emplean; y la quinta en la mayor o menor probabilidad de beneficio.

I. El salario varía según la facilidad o dificultad, la limpieza o zafiedad de la ocupación: por eso casi en todas partes la ganancia anual de un oficial de sastre es menor que la de un tejedor, porque la obra del uno es más fácil y cómoda que la del otro. El jornal de un tejedor no llega al de un herrero, no porque la obra del primero sea más fácil que la de este, sino porque es mucho más limpia.

El honor que comportan todas las profesiones decorosas es una parte de su recompensa: la poca estimación que tienen otras produce un efecto inverso; y así el carnicero ejerce una profesión despreciable, pero casi en todos lugares sus ganancias son mayores que las de los demás oficios comunes: y la más despreciada que es la del verdugo, está mejor pagada que la de los artesanos normales con proporción a su trabajo.

La utilidad de los fondos está sujeta como el salario a la acción de la incomodidad o de desprecio. Un mesonero o un posadero, que nunca son dueños de su casa, y están siempre expuestos a los excesos de un beodo, no tienen un oficio agradable ni de consideración; pero entre las ocupaciones ordinarias hay pocas en que un mediano capital produzca tanta utilidad.

II. El salario del trabajo varía a proporción de la facilidad o dificultad del aprendizaje, según lo caro o barato que sea.

Si se construye con grandes gastos una máquina destinada a producir una obra extraordinaria, cualquiera se prometerá con razón que antes que se eche a perder habrá ya dado una utilidad que reemplace el capital que costó, y el beneficio a lo menos de los intereses regulares. De la misma manera, el ser humano que ha invertido mucho tiempo y trabajo en aprender un oficio, que requiere mucha habilidad y conocimiento extraordinario, puede reputarse como una máquina costosa.

III. El salario del trabajo varía en los diferentes oficios a proporción que la ocupación sea continua o interrumpida.

En la mayor parte de las fábricas un artesano en estado de trabajar puede estar casi seguro de hallar ocupación todos los días; por el contrario un albañil, un solador se hallan con los brazos cruzados en lo fuerte de los hielos; resultando de aquí, que aunque la ganancia ordinaria de la mayor parte de los fabricantes está reducida al nivel del salario de los artesanos regulares, el de albañil y solador suele ser una mitad más y a veces doble.

El precio del trabajo varía según la mayor o menor confianza que se otorga a los oficiales que se emplean; y así el de los joyeros y plateros es en todas partes mayor que el de otros muchos oficiales de otros oficios de igual o mayor habilidad, a causa de las materias preciosas que se les confían.

El salario del trabajo varía según la mayor o menor probabilidad del éxito.

La probabilidad del éxito no es idéntica en todos los oficios. En la mayor parte de las artes mecánicas el éxito está casi asegurado, al paso que es dudoso en las profesiones liberales. Cualquiera que pone su hijo de aprendiz de zapatero, puede estar casi seguro de que aprenderá a hacer zapatos; pero si lo dedica a estudiar leyes, podrán apostarse veinte contra uno a que no llegará a ser un jurisconsulto capaz de ganar su vida en esta profesión; y así como en una lotería perfectamente equitativa los accionistas que sacan premio deben ganar todo lo que perdieron los que se quedaron en blanco, del mismo modo en una profesión en que veinte personas se malogran, la que llega al punto que se ha propuesto debe ganar todo lo que hubieran ganado los otros. Un abogado de crédito, que por lo regular empieza a ganar algo a la edad de cuarenta años, debe recibir la retribución no solamente de su educación larga y costosa, sino también la de otros veinte que probablemente no ganarán nada; y por excesiva que parezca la paga del abogado, su verdadera retribución casi nunca llega a este punto.

Resulta de aquí, que la lotería de la Jurisprudencia no es ventajosa; y que esta profesión liberal, como otras muchas igualmente honoríficas, consideradas sus ganancias pecuniarias, solo consigue una recompensa reducida y limitada.

Existe sin embargo una especie de igualdad entre estas profesiones y las otras; y a pesar del desánimo que acompaña a la carrera de las artes liberales, se dedican a ella las gentes honradas y distinguidas. Dos son las causas que mantienen esta concurrencia: 1ª el deseo de la reputación que consiguen los que se distinguen en ella: 2ª la confianza natural que cada uno posee no solo en su talento, sino en su fortuna.

El distinguirse en una profesión, a cuya medianía aun llegan pocos, es una prueba grande de lo que se llama talento superior. La admiración pública es una parte de su recompensa, más o menos considerable, a proporción de los diferentes grados que sirven de medida a esta admiración, la cual es en parte la paga del médico, casi la mitad de la del abogado, y por sí sola basta para recompensar las meditaciones del filósofo, y los desvelos del poeta.

Muchas habilidades agradables y brillantes, que producen una cierto asombro, y que tienen una ganancia considerable se consideran, con razón o sin ella, como una especie de prostitución pública: la recompensa pecuniaria de estas debe ser suficiente no solo para pagar el tiempo, el trabajo y los gastos de haberlo adquirido, sino también para recompensar el desprecio en que caen los que las ejercen por oficio. Las retribuciones exageradas que los cómicos, cantores y bailarines de la ópera sacan de su arte, están fundadas en estos dos principios; en la escasez y belleza de la habilidad, y en el deshonor que acarrean cuando se ejercen por oficio.

Parece absurdo a primera vista menospreciar a la persona y recompensar con creces la habilidad; pero aquí la ganancia es en cierto modo consecuencia del desprecio. Si se anulase la opinión pública a favor de estas personas, su recompensa pecuniaria se disminuiría con rapidez, pues habría muchos que se dedicasen a ella, y la misma competencia haría bajar a continuación el precio de su trabajo. Estas habilidades, aunque poco comunes, no son tan raras como se cree, porque hay muchas personas que las poseen en el más alto grado de perfección, pero que tienen a menos ejercerlas, y el número se aumentaría considerablemente con la multitud de los que se hallan en estado de llegar a semejante perfección, si fuera posible se tuviesen por honrosas.

Las desigualdades del salario y del interés en las diferentes aplicaciones del trabajo y de los fondos, se introduce incluso en los países en que reina la mayor libertad, pero la severa policía de la Europa, que nada deja en este estado de libertad, ha computado otras desigualdades mucho mayores.

Tres han sido las causas a que deben su origen, 1ª el haber reducido en algunas profesiones los concurrentes a un número mucho menor del que habría sin estas trabas y obstáculos; 2ª el haber sacado algunos oficios fuera de sus límites naturales; 3ª el haber impedido así la circulación libre de los trabajos como la de los fondos, sin permitir uno que pase de lugar a lugar, ni destino a destino.

Esta policía estricta y severa de Europa produjo una gran desigualdad en el total de las ventajas y perjuicios de las diversas aplicaciones del trabajo y de los fondos, reduciendo en ciertos oficios el número de los concurrentes a uno mucho menor del que habría sin estas trabas y obstáculos.

Los privilegios exclusivos de los gremios son los caminos que se vale para llegar a este fin.

El privilegio exclusivo de un oficio en la ciudad en que esta establecido, limita necesariamente la concurrencia de los que están agregados a aquel gremio; pues para poder entrar en él, es necesario acreditar que se ha realizado el aprendizaje en la misma ciudad y con un maestro reconocido por el. Los estatutos de algunos gremios fijan el número de los aprendices que puede tener un maestro, y casi siempre el de los años que han de emplear en su aprendizaje. El objeto de estos estatutos es que la concurrencia sea más pequeña de lo que seria de otro modo y limitar el número de los aprendices es disminuirlo directamente. El largo aprendizaje tiene una acción menos directa, pero no menos eficaz, pues se acrecienta con él los gastos de la educación.

La propiedad más sagrada es la del trabajo, por ser el fundamento común de todas las demás. El pobre no posee otro patrimonio que su fuerza y su industria; y el no dejarle hacer uso de estas facultades cuando no perjudican a su semejante, es violar esta respetable propiedad, y atacar abiertamente la libertad legítima, así del artesano como de los que quieran emplearle; porque si el uno no puede aplicarse a la tarea que quiere, tampoco los otros pueden valerse de quien les acomoda. Debería pues dejarse a; nuestra discreción elegir el artesano que nos acomodara, porque nuestro propio interés nos concede bastante luz por lo regular para no engañarnos. Se suele afirmar que el objeto que han tenido las leyes estableciendo aprendizajes largos, ha sido impedir se introduzcan en el comercio obras mal confeccionadas; pero, sus defectos por lo común no se vigilan tanto de la ignorancia como del deseo de engañar, y los aprendizajes largos no destruyen este anhelo. Además que estos términos largos no son propios para formar la industria, porque el hombre que trabaja a destajo es más trabajador, porque su actividad y aplicación le producen utilidad: al contrario el aprendiz debe ser y es regularmente perezoso, porque no tiene interés alguno en dejar de serlo. La penalidad del trabajo en las profesiones inferiores solo la suaviza el salario: y la esperanza de alcanzar cuanto antes la recompensa que el trabajo le promete, provoca la afición a él, y hace progresar la industria. Es muy fácil conocer lo poco que ha de gustar un joven de una ocupación que en mucho tiempo no le ha de producir ganancia alguna pecuniaria. Los muchachos de los hospicios, que la caridad pública pone a oficio, deben servir regularmente sin salario mayor número de años, que el que previenen los estatutos del gremio; y cuando han cumplido enteramente su tiempo, la costumbre de estar sin jornal ha producido en ellos una pereza que los hace inútiles y a veces dañinos.

Están además fuera de lugar los aprendizajes largos, porque las artes mecánicas, aun las que necesitan más destreza, no requieren larga instrucción para adquirirse. Es verdad que sin la práctica no se podrá adquirir; pero también lo es que la diligencia y la actividad suplirán y adelantarán la experiencia. Si se diese al aprendiz una parte de la obra bien hecha que trabajase al día, y se le hiciese pagar la que echase a perder por su poca destreza y experiencia, no hay duda que este método provocaría mayores progresos en el oficio, y liberaría al aprendiz de muchos gastos y disgustos. El maestro perdería el salario del aprendiz que ahorra en la actualidad durante siete años: puede ser que este perdiese también algo por su parte; pero se establecería mayor competencia en el oficio, y sería menos difícil de aprenderle y basaría con ella la recompensa del salario actual, y además el aumento de concurrencia reduciría los jornales del oficial y disminuiría también el de los maestros: en resumen, de este orden nuevo de cosas resultaría una pérdida incontestable para todas las artes, oficios y profesiones mecánicas; pero la sociedad en general ganaría, porque se disminuiría el precio de todas las obras.

La constitución de, los gremios y sus leyes no han tenido otro objeto que el de evitar esta reducción de precios, que infaliblemente causaría la libertad de la concurrencia, y que extendería su influjo a los salarios e intereses.

Sin embargo, todo reglamento que se dirija a poner el salario y el beneficio en su nivel natural contribuye también a dar a las ciudades el medio de adquirir mayor cantidad del producto del trabajo de los campos con menor cantidad del suyo. Por consiguiente ofrece a los ciudadanos, menestrales y mercaderes una ventaja sobre los propietarios, arrendadores y empleados en la agricultura, y destruye la igualdad de comercio que habría naturalmente entre las ciudades y las campiñas, pues entre ellas se distribuye anualmente el producto de todo el trabajo de la sociedad; con la diferencia, de que los habitantes de las ciudades conseguirían más de lo que recibiesen, sí no existiesen semejantes reglamentos, y los labradores recibirían menos de lo que cogiesen, si estos productos siguieran su curso natural.

Para darse cuenta de esta ventajosa superioridad no se necesita hacer cálculos muy difíciles. Una sencilla observación lo hará conocer a todo el mundo, en toda Europa para una persona que haga fortuna con la industria de los campos, esto es, con el cultivo y mejora de la tierra, hay ciento en las ciudades que por la industria, el comercio y fábricas llegan desde la más pequeña a la mayor prosperidad: esto acredita que cuanto más bien se compensa la industria, y cuanto más bien se paga el trabajo, es mayor el interés de los fondos en una situación que en la otra; y como; el trabajo y los fondos buscan naturalmente el empleo más ventajoso, resulta de aquí el abandono de los campos, y la concurrencia en las ciudades.

Las ciudades, por la reunión de los habitantes en un mismo lugar ofrecen más facilidad de unirse unos con otros, y por eso vemos reducidos en ellas a gremios incluso los oficios más estimados: rara es la ciudad en que no se pruebe; y aun cuando estos oficios no estén en gremio, siempre les domina el recelo de los extraños; y la repugnancia a tomar aprendices les hace armarse por medio de una asociación tácita y voluntaria contra la libertad de concurrencia que no pueden impedir por sus estatutos. Cuanto menos sean los brazos que un oficio emplea, tanto más fáciles son estas confederaciones: por ejemplo, seis cardadores de lana son capaces de emplear mil hilanderas y mil tejedores; y pueden, si se convienen entre sí, no enseñar a ningún aprendiz, y conseguir de este modo no solamente estancar toda la obra, sino reducir la manufactura a una especie de esclavitud, obligando a dar a su trabajo un precio muy superior a su valor natural.

Rara es la ocasión que los miembros de los gremios se reúnen, aunque sea por pura diversión, que no acaben por una conjura contra el público, o discurriendo algún procedimiento que aumente el precio de su trabajo; pero si el legislador no puede oponerse a este mal, ¿deberá favorecerlo, y hacerlo en cierto modo necesario? Tal es sin embargo el efecto de las leyes gremiales.

Obligar a que todos los individuos de un oficio escriban sus nombres y domicilios en un registro público, es facilitar estas reuniones, es congregar unos individuos que quizá no se hubieran conocido, y es proporcionar a cada uno de ellos el medio de unirse fácilmente a los demás.

Permitir a estos mismos miembros a que exijan entré sí ciertas contribuciones para el socorro de sus pobres, de sus enfermos, de sus viudas y huérfanos, es lo mismo que convocarlos a estas juntas, dejándoles un interés común que dirigir.

No solamente estas juntas amparan a los gremios, sino que el mayor número de los concurrentes a ellas es un nuevo lazo que estrecha más su asociación. Afirmar que los gremios son necesarios para mantener la policía, es manifestar un motivo que no está apoyado por la razón; porqué la verdadera policía y la más eficaz no consiste en estas comunidades, sino en la censura de los parroquianos. Cada artesano teme perder los suyos, y este miedo reprime los fraudes y corrige el abandono. El privilegio exclusivo de los gremios debilita por necesidad la fuerza de éste muelle, pues trabajen bien o mal, los individuos de un gremio son al fin los únicos que pueden trabajar: de que resulta que en muchas ciudades grandes, en que los oficios están reducidos a gremios, apenas se encuentra un mediano oficial incluso en los oficios más necesarios; y para conseguir una obra acabada con agrado es necesario buscar en los arrabales artesanos que, no pudiendo dormirse a la sombra de un privilegio exclusivo, estén pendientes de su fama.

Véase pues como el método adoptado por la policía Europea, al paso que reduce en ciertas profesiones el número de las competencias a uno mucho menor que lo seria sin trabas ni restricciones, provoca una gran desigualdad en el total de las ventajas y perjuicios de las diferentes aplicaciones del trabajo y de los fondos. Es muy fácil conocer que llevando en otras ocupaciones la concurrencia más allá de sus límites naturales esta policía de Europa, que desea arreglarlo todo, provoca una desigualdad de una especie opuesta en el total de las mismas ventajas.

Por ejemplo, se ha juzgado de suma importancia criar y aplicar un cierto número de jóvenes a ciertas, profesiones en que por un efecto de las escuelas, colegios y otras fundaciones, debidas unas veces al público, y otras a individuos piadosos, se fuerza la concurrencia, y por necesidad pasa de sus límites naturales.

Tras haber investigado las desigualdades que resultan de las diferentes aplicaciones del trabajo y de los fondos, pasa el autor a examinar la renta territorial, es decir, el precio que se da al uso de la tierra. Este capítulo lo divide en tres partes: en la primera examina las producciones de la tierra, que siempre producen alguna renta: en la segunda los productos que pueden darla o no darla; y finalmente en la tercera las variaciones que, según 1os diferentes períodos de la prosperidad nacional, alteran el valor relativo de estas dos clases de producciones, comparadas la una con la otra, ya en su estado natural, o ya en el que las pone el trabajo de la industria.

En casi todas las condiciones posibles la tierra produce mucho más de lo que exige la conservación del trabajo que se requiere para poner los alimentos en situación de venderse, aunque este trabajo se pague con creces. Lo qué queda de estos alimentos es más que suficiente para reemplazar los fondos que dieron movimiento al trabajo, y para satisfacer las utilidades o intereses que deben resultar del empleo de estos fondos: resta pues siempre alguna cosa, que constituye la renta del propietario; la cual varía no solamente según la tierra, sea cual sea su producto, sino también según su situación, prescindiendo de su fertilidad. Una tierra en las cercanías de una ciudad da una renta mayor que otra igualmente fértil situada en el interior del país y lejos de las comunicaciones principales. Aunque idéntico trabajo sea suficiente para cultivar la una que la otra, debe resultar más caro llevar al mercado, las producciones de la última. Por consecuencia es necesario que el producto sirva, para pagar una cantidad mayor de trabajo, y que el sobrante que contribuye a la ganancia de los arrendadores; y a la renta del propietario, se disminuya los caminos, los canales, los ríos navegables, al paso que disminuyen los gastos del transporte, acercan, por decirlo así, los campos distantes, y se aprovechan de las ventajas que por su situación poseen las tierras inmediatas a las ciudades. Estas obras, públicas son por consecuencia las mejoras más útiles que pueden hacerse, porque aumentan la agricultura de los lugares remotos, y hacen mayor el círculo de las posesiones nacionales: son ventajosas para las ciudades, porque destruyen el monopolio de las campiñas que las rodean, y lo son asimismo para estos campos, porque al paso que llenan los mercados antiguos de géneros más abundantemente, les ofrecen otros mercados nuevos para darles salida.

El monopolio es además el mayor enemigo de una buena administración, la cual no puede ni establecerse ni extenderse generalmente sin la acción de una concurrencia libre y universal, que obligue a todos los miembros de la sociedad a fundarse solo en ella. Compara aquí el autor el producto de las tierras de pasto con el de las de labor; y hace ver la relación que tienen entre sí según los diferentes tiempos y lugares, y luego añade:

En todos los grandes estados se utilizan la mayor parte de las tierras, cultivadas para producir alimento para los individuos, o pasto para los ganados. La renta y utilidad de estas tierras son las que equilibran la renta y el interés de todas las demás cultivadas. Si hubiera alguna producción particular que ofreciese menos ganancia, la tierra que la diera se aplicaría enseguida al trigo o a los pastos; de manera que si produjera mayores utilidades, el mayor número de las dedicadas a pastos y sembradío mudarían prontamente de destino. El autor prueba esta afirmación comparando la ganancia de los jardines y viñas con el de las tierras de pastos y labor: y esta proporción, que se presenta al principio como una paradoja, adquiere en su pluma todo el carácter de la verdad. No se contenta con esto, la extiende a todo genero de cultivos, como el azúcar, tabaco y demuestra que las diferencias que se notan en el producto de estos cultivos, provienen en general del régimen prohibitivo que han hecho adoptar casi generalmente las falsas nociones de la economía política; y pasa a continuación al examen del producto del terreno que rinde a veces una renta, y a veces no.

Las producciones de la tierra, que sirven para el mantenimiento del ser humano, parece que son las únicas que han de producir siempre alguna renta al propietario; pero los otros productos pueden darla o no darla, según la diversidad de circunstancias.

Después de la necesidad de alimentarse tiene el ser humano otras dos muy poderosas, a saber, vestirse y la vivienda, cuando la tierra está virgen e inculta, un gran número de individuos consigue más fácilmente vestirse y la vivienda, que mantenerse: y al contrario cuando el cultivo aumenta la fertilidad de la tierra, es mucho más fácil a un número grande de hombres alimentarse, que vestirse y la vivienda, por lo menos del modo que quieren, y con las materias que piden y están prestos a pagar. En el primer caso hay siempre una abundancia de estas materias, que tienen por lo mismo poco o ningún valor. En el segundo se experimenta a veces la escasez, que acrecienta necesariamente el valor. Esta es la razón por que una buena cantera en las cercanías de Londres daría una renta considerable, y no produce nada en muchas partes de la Escocia y de la provincia de Gales: de idéntica manera la madera de construcción vale mucho en un país de gran población y buen cultivo, y la tierra que la produce da una renta considerable; pero en algunas partes de la América Septentrional el propietario tendría que dar las gracias al que le librarse de sus tierras de muchos árboles altos y gruesos, y hay en lo interior de las montañas de Escocia parajes en que, por la falta de ríos y caminos, la corteza es lo único que puede aprovecharse de la madera para el comercio, deteriorándose y pudriéndose sobre la tierra la más preciosa madera de construcción.

Cuando las materias que sirven para formar el individuo su habitación y alojamiento tienden a abundar tanto, que la parte que se emplea no cuesta más que el trabajó y gastos necesarios para aplicarlas al uso a que se destinan, entonces no dan renta alguna al propietario, que en general las cede sin dificultad al primero que se las pide; pero si otras naciones más ricas las necesitan, el mismo propietario las obliga a que den algo en cambio: en prueba de ello, cuando se determinó empedrar las calles de Londres, algunas rocas estériles de la costa de Escocia dieron a sus dueños una renta que ni remotamente hubieran podido esperar.

Las maderas de Noruega y del Báltico encuentran en algunas partes de Inglaterra la salida que no tendrían en su propio país, al cual le proporcionan de este modo alguna utilidad.

Cuando por las mejoras del cultivo puede el trabajo de una familia mantener a dos a un mismo tiempo, la mitad de la sociedad basta entonces para mantener, con su trabajó a la sociedad entera; la otra mitad puede emplearse o toda, o parte de ella, en otros menesteres para atender a las necesidades, e incluso a los caprichos de la especie humana. El deseo de comer lo limita en cada individuo la estrecha capacidad de su estómago pero el de las cosas cómodas y agradables, sea de edificios, de trajes, muebles y trenes, se aumenta sin fin, y se extiende sin límites. Los que pueden disponer de más alimentos de los que necesitan para su consumo, no desean otra cosa que cambiar este sobrante, o, lo que es lo mismo, el precio de este sobrante, por otra multitud y variedad de goces. Todo lo que pasa de los deseos limitados solo sirve para satisfacer deseos; infinitos.

El aumento progresivo de la subsistencia, esto es, la perfección del cultivo y mejora de las tierras, aumenta también el número de los artesanos; y como la naturaleza de su trabajo es susceptible de todas las subdivisiones posibles, resulta que la cantidad de materiales que se presentan a su industria, crece con mayor proporción que el número de los individuos que han de trabajarlas. De aquí nace aquel deseo impaciente a todo lo que el genio, inventor de las artes de utilidad y adorno, transforma en vestidos, casas, muebles necesarios o agradables: de aquí por último aquella necesidad que a veces tenemos de minerales, fósiles, metales ricos y piedras preciosas; y de aquí por último la presteza con que vamos a buscarlas hasta en las mismas entrañas de la tierra.

De este modo las producciones destinadas al mantenimiento del ser humano son el origen y la fuente de la renta territorial: de esta forma, vuelvo a decir, cualquiera otra producción que nos trae después una renta, debe parte de su valor a la extensión perfeccionada de las facultades del trabajo que se han hecho más propias para el sustento por la mejora y cultivo de las tierras. No obstante, las otras producciones que proporcionan después una renta, no la dan siempre. La concurrencia aun en los países cultos y adelantados no es siempre suficiente para darlas, un precio mayor de lo que exige el salario del trabajo, y el reemplazo y beneficio regular del capital que las ha puesto en estado de venta, sin que deba extrañarse la influencia desigual del consumo, pues este está sujeto también a la acción desigual de variadas circunstancias.

Explica el autor este fenómeno aplicándolo al producto de diferentes especies de minas, y pasa después a la tercera parte de este capítulo, en el cual analiza de las variaciones proporcionales entre los valores respectivos del producto que da siempre alguna renta, y del que no la proporciona siempre.

Esta es la parte más abstracta y complicada: convendría por lo mismo que nuestros lectores se tomasen el trabajo de leerla en la obra original, si quieren conocer toda la extensión, luces y valentía del autor en este punto crítico. Por extenso que fuera este compendio, no se podrían reunir todos sus principios, y así nos ceñiremos a algunos generales, y a sus resultados, más propios para excitar, que para satisfacer la curiosidad.

La superabundancia de víveres, hija de los progresos y mejoras de la agricultura, debe por consecuencia multiplicar la de los demás productos de la tierra, que por no entrar en la masa de los alimentos, pueden emplearse en objetos de utilidad o de adorno. Cualquiera que sea el grado de perfección a que haya llegado la sociedad, debe siempre detenerse en los valores comparativos de estas dos especies de producto la variación de que el que no siempre da una renta sea constantemente superior, y con cierta proporción al que siempre la da. La parte comerciante y culta del mundo es la gran feria que está siempre abierta a la mercancía de la plata.

Si las exigencias de esta feria creciesen por un impulso del progreso general de la sociedad, y no se aumentase la cantidad del metal en la misma proporción, el valor de la plata aumentaría como el del trigo. Una libra de plata, por ejemplo, proporcionar la en cambio una cantidad de trigo cada vez mayor; es decir, el precio común del trigo en plata acuñada disminuiría por grados.

Al contrario, si las minas dieran durante algunos años más plata de la que fuera necesario, este metal bajaría, o lo que es lo mismo con voces diferentes, el precio común del trigo en plata acuñada subiría por grados cada vez más; pero si creciese el producto de la mina en la misma proporción que la necesidad de la plata, una libra de este metal continuaría proporcionando, fuese por compra o cambio, la misma cantidad de trigo poco más o menos, y su precio, a pesar de todas las mejoras, seria casi siempre el mismo.

A estas tres combinaciones se reducen casi todas las diferencias que pueden traer consigo los progresos de la industria y población.

Para defender estos principios hace el autor un paréntesis sobre los cambios que el valor de la plata ha experimentado a lo largo de los cuatro últimos siglos. Establece que la abundancia de este metal no siempre provoca la diminución de en valor, como lo han dicho algunos escritores; porque si la riqueza, de un país crece por el aumento anual y progresivo de sus productos, será necesaria una cantidad mayor de dinero para hacer circular otra mayor de mercancías. La necesidad multiplicará la plata acuñada y la vanidad y ostentación emplearán mayor cantidad en vajillas; finalmente se aumentará el número de estatuas, pinturas y demás objetos de lujo y curiosidad.

El precio del oro y de la plata, cuando el descubrimiento de minas más abundantes no lo hacen bajar, no solo aumenta por lo natural; en todos los tiempos, cualquiera que sea el estado de las minas, sube naturalmente más en un país rico, que en uno pobre; pues el oro y la plata, como todas las demás mercancías, se inclinan por sí a los mercados en que se les paga mejor; lo cual se verifica en aquellos parajes que tienen más proporción de comprarlo. Debemos tener presente que el trabajo es el precio que se da por cada cosa, y que en todas partes en donde está bien recompensado el salario que se recibe por él en dinero está en proporción de le que el artesano gasta para mantenerse.

Después de un examen muy prolijo del valor comparativo del dinero y del trigo en el curso de estos cuatro últimos siglos, pasa el autor al de las variaciones de proporción entre los valores respectivos del oro y de la plata.

La proporción regular entre los valores respectivos de dos mercancías no puede calcularse por la proporción accidental que hay entre las cantidades respectivas de dos efectos puestos en venta. Un género de poco valor es más abundante en el mercado que otro género caro. Si comparamos los metales preciosos entre sí, la plata es un efecto barato, y el oro una mercancía cara; por lo mismo debe hallarse de venta mayor cantidad de plata que de oro.

Si bien bajo cierto aspecto sea la plata más barata que el oro, como debe serlo siempre, se puede decir también que el oro, según el estado presente del mercado de España, posee menor precio que la plata. Un género cuesta poco o mucho, no solamente según la altura o medianía absoluta de su precio regular, sino también según el grado más o menos alto del precio más bajo a que pueda venderse por mucho tiempo. Este precio más bajo solo es suficiente para reemplazar con una ganancia moderada el capital que se ha utilizado en poner la mercancía en estado de venta; es el que no produce cosa alguna al propietario; el que no aumenta la renta territorial, y el que solo da para el salario y los intereses. Teniendo presente este principio observamos que según el estado actual del mercado de España el más precioso de estos dos metales es el que se acerca más a este precio inferior. El derecho que la corona de España exige del oro es una vigésima parte del metal de ley o cinco por ciento, y el que la plata paga un diez por ciento: añádase a esto que los mineros de oro hacen por lo general menos fortuna que los que benefician minas de plata, lo cual manifiesta que las utilidades de aquellos son menores que las de estos. Sin embargo, si el oro de España contribuye menos a la renta de la tierra y a la utilidad del asentista, ¿no podremos inferir que en el mercado de aquel Reino el oro se acerca más que la plata y ata al precio más bajo a que puede venderse?

Aunque es muy probable que mientras los mineros puedan pagar los derechos de la plata no se tratará de minusvalorar esta imposición, que aunque produce una renta considerable al erario, grava casi única y directamente las cosas de luxo, podría suceder, sin embargo, que la imposibilidad de satisfacer los derechos obligase a disminuirlos, como sucedió en el año 1736, que de un quinto bajaron al diezmo, y en esto caso resultaría uno de los tres efectos siguientes: o una perfecta compensación del aumento del gasto con el que tendría el valor del metal o una compensación del gasto por una rebaja proporcionada en los derechos de la plata; o una compensación que provendría de estos dos medios reunidos: y así como el oro, a pesar de lo que se han disminuido sus derechos, aumenta de precio con proporción al de la plata, del mismo modo esta, en medio de semejante rebaja en sus derechos, puede aumentar de precio con proporción al sobrante del trabajo, y al incremento que tomen los géneros.

El autor individualiza más estas ideas exponiendo las causas en que algunos se fundan para creer que la plata baja continuamente. Sea la que fuese la opinión sobre este punto, es muy difícil no acceder a la del autor después de haber tenido en cuenta las razones, hechos y observaciones en que la funda; pero estas investigaciones son más curiosas que útiles, pues al fin, según sus mismos principios, el trabajo es el valor real de las cosas y así debe importar poco la subida o bajada de la plata; aunque no nos extenderemos sobre esta materia, con todo no podemos omitir un pasaje que a la verdad merece ser expuesto.

Para probar el autor que la pobreza o riqueza nacional no depende de la abundancia o escasez del oro y de la plata, observa que aunque después del descubrimiento de las minas de América se aumentaron casi a un mismo tiempo el oro y la plata, y prosperaron la agricultura y el comercio, estos dos sucesos contemporáneos provinieron de causas tan diferentes, que apenas tenían entre sí la menor conexión. El primero fue hijo de la casualidad, sin que la prudencia, ni la política tuviesen en él ninguna parte; y el segundo, esto es, los progresos de la agricultura, se debieron a la ruina del sistema feudal, y a la forma y establecimiento de un gobierno que dio a la industria el único fomento que necesitaba, esto es, la seguridad de disfrutar cada uno del fruto de su trabajo.

Polonia, en donde todavía continúa el sistema opresivo de los feudos, sigue en aquella pobreza que la cogió el descubrimiento de la América: con todo, el trigo ha aumentado allí su precio pecuniario, como en el resto de la Europa, y los metales preciosos han pendido su valor real: así pues es necesario se hayan aumentado como en las demás partes, y casi con la misma proporción, al producto anual de la tierra y del trabajo. A pesar de esto la agricultura y fábricas no han tenido ningún avance, ni tampoco el pueblo parece que ha mejorado de fortuna.

Conclusión: Todo el producto anual de la tierra y del trabajo de cada país, o, lo que es lo mismo, el precio de este producto, se distribuye por lo natural en tres partes, que hemos llamado renta territorial, salario del trabajo, e interés de los fondos, el cual proporciona una renta a tres clases diferentes de individuos, que viven, el uno de su renta, el otro del salario, y el tercero del rédito o beneficio de los fondos. Estas son en toda sociedad culta las tres clases grandes, originarías y constitutivas, de cuya renta sacan la suya todas las demás.

El interés de la primera está estrechamente ligado con el general de la sociedad, y así lo que es beneficioso o perjudicial para la una, es también beneficioso o perjudicial a la otra.

El interés de la segunda, esto es, de los que viven de salario, no está menos unido al general de la sociedad, pues, como hemos señalado, nunca sube tanto el jornal del artesano como cuando se aumenta sin pausa la necesidad del trabajo, o, lo que es lo mismo, como cuando la sociedad lo va aumentando con sus exigencias. Si, por decirlo así, se para o llega a fijarse la riqueza real de la sociedad, el precio de la mano de obra queda de inmediato reducido a aquel punto para que cada artesano pueda mantener a su familia. Si decae la riqueza de la sociedad, también decae el jornal de aquel punto. La prosperidad nacional será acaso más ventajosa para los propietarios que para los artesanos, pero la decadencia de la riqueza pública grava mucho más la clase trabajadora.

La tercera se compone de los individuos que hacen trabajar a la segunda, y viven de sus ganancias. Casi todo el trabajo útil de la sociedad se pone en movimiento con los fondos que empleaban para sacar de ella alguna utilidad; pero el interés de estos fondos no aumenta como el del jornal o de la mano de obra, ni el de la renta territorial, a medida que crece la prosperidad de la nación, ni baja tampoco en su decadencia: por el contrario en los países ricos este interés se mantiene naturalmente muy bajo, y en los pobres sube bastante, y llega al punto más alto posible en los que corren con rapidez a su destrucción: de donde se deduce, que el interés de la tercera clase no posee idéntica unión que el de las otras dos con el interés general de la sociedad. La utilidad de los comerciantes en un ramo particular de comercio, y en algunas manufacturas, se aleja bastante del interés público, e incluso en ciertos casos le es enteramente contraria. El comerciante procura siempre ampliar el mercado, y restringir la concurrencia de los vendedores: bajo útil de la sociedad se pone en movimiento con los fondos que utilizaban para sacar de ella alguna utilidad i pero el interés de estos fondos no se aumenta como el del jornal o de la mano de obra, ni el de la renta territorial, a medida que crece la prosperidad de la nación, ni baja tampoco en su decadencia: por el contrario en los países ricos este interés se mantiene naturalmente muy bajo, y en los pobres sube bastante, y llega al punto más alto posible en los que corren con rapidez a su ruina: de donde se infiere, que el interés de la tercera clase no tiene la misma unión que el de las otras dos con el interés general de la sociedad. La utilidad de los comerciantes en un ramo particular de comercio, y en algunas manufacturas, se separa bastante del interés público, e incluso en ciertos casos le es enteramente contraria. El comerciante procura siempre ampliar el mercado, y reducir la concurrencia de los vendedores: el público saca alguna vez ventaja de la extensión de este mercado pero la coartación de la concurrencia le es en todos tiempos poco favorable. Únicamente los comerciantes hallan en esto su utilidad, porque aumentan su ganancia más de lo que podían esperar, y sacan indirectamente una contribución muy exagerada a sus conciudadanos. Por lo mismo toda ley o reglamento nuevo que se proponga en negocios de comercia, si dimana de esta tercera clase de que hablamos, debe recibirse con suma precaución, y antes, de adoptarlo se ha de examinar minuciosamente, y con el mayor cuidado y atención, con mucha desconfianza; porque estos proyectos dimanan de una clase de individuos, cuyo interés no es siempre conforme con el del público, por lo general interesados en engañarle y avasallarle, y por último de una clase que ha actuado en muchas ocasiones del modo más astuto y tiránico.

Libro II: *De la naturaleza, reunión y empleo de los fondos*

Adam Smith divide los fondos productivos en capitales circulantes, y capitales fijos: los primeros no producen crédito alguno si no cambian de dueño, y el empleo de los otros produce un interés o ganancia, sin que sea necesario desprenderse de ellos.

El fondo general de toda sociedad particular, o de un país entero, es el de todos sus miembros y habitantes; por lo mismo se divide naturalmente en tres partes, y teniendo cada una de ellas destino separado y funciones particulares, sigue caminos diferentes.

La primera de estas tres partes, en que se divide el fondo general de la sociedad, se forma de lo que se reserva del distintivo es no redituar interés ni ganancia alguna.

La segunda es el capital fijo, cuyo distintivo es producir un rédito sin necesidad de circular, o de cambiar de mano, el cual se distribuye también en cuatro porciones principales, que se destinan a:

La compra de todas las máquinas e instrumentos, que facilitan y abrevian el trabajo.

Proporcionar todas las oficinas necesarias, como son tiendas, almacenes, talleres, casas de labor con establos y graneros: estos edificios son muy diferentes de las casas que solo sirven para habitación, y en este aspecto pueden considerarse también como instrumentos.

Pagar la mejora de las tierras; esto es, en todo lo que se gasta útilmente en prepararlas, secarlas, cerrarlas, beneficiarlas, y disponerlas para la labor, y adecuarlas para el cultivo.

Adquirir los conocimientos útiles que tiene cada miembro de la sociedad, los cuales solo se adquieren por la educación o aprendizaje, que como originan siempre gastos, forman un capital fijo y real en cada uno:

La tercera y última de las partes entre que se distribuye naturalmente el fondo general de la sociedad, es el capital circulante, cuya cualidad es producir rédito o interés solo cuando circula en el comerció y muda de dueño: este se compone a su vez de otras cuatro partes.

Del dinero que hace circular las otras tres, y las lleva a los que las han de consumir.

De los fondos de todas las provisiones que se hallan en poder del carnicero, proveedor, labrador, comerciante de trigo, y del tabernero, que debe producirles por medio de la venta el beneficio que auguran.

De las primeras materias, sea en su estado natural, o más o menos elaboradas, que se destinan para vestidos muebles y edificios; pero que no habiendo recibido todavía ninguna de estas formas de mano de la industria, están en poder del productor y de las fábricas.

Por las obras que la industria ha finalizado completamente; pero que dormidas, por decirlo así, en manos del mercader o fabricante, no se han presentado la venta para pasar después al usó de sus astutos consumidores.

De estas cuatro partes hay tres, que son los víveres, las materias, y las obras acabadas, que todos los años o en más o menos tiempo salen del capital circulante, para entrar en el capital fijo, o en el fondo reservado para el consumo inmediato.

Todo capital fijo posee su origen en un capital circulante,

que le alimenta y sostiene sin tregua, y sin el que no podría dar el primero renta alguna.

El único fin y objeto de los capitales fijos y circulantes es mantener y aumentar los fondos que se reservan al consumo inmediato. Este fondo es el que alimenta, viste y da habitación al pueblo, cuya riqueza o indigencia depende de la escasez o abundancia de las cosas con que estos dos capitales pueden contribuir a este mismo fondo reservado para el consumo inmediato.

Tras de esta división de los fondos nacionales examina el autor la influencia del dinero considerado como sector particular del fondo general de la sociedad.

La renta total de los habitantes de un estado grande consiste en todo lo que anualmente obtienen sus tierras y su trabajo. La renta pura es lo que les queda tras haber deducido los gastos necesarios para mantener primeramente su capital fijo, y después el circulante, o, lo que sin tocar a su capital pueden destinar para su consumo inmediato, esto es, lo que pueden gastar en su manutención, comodidades y caprichos; de que resulta, que la verdadera riqueza se forma de la renta neta, y no de la total. Así como las máquinas e instrumentos de los oficios etc., que componen el capital fijo de un individuo o de una sociedad, no son parte ni de la renta pura, ni de la total, del mismo modo el dinero, que distribuye entre los diferentes miembros de la sociedad toda la renta de que goza, no forma nunca parte de estos réditos; porque el dinero es una rueda grande, que hace circular las mercancías, y estas solo, y no la máquina, forman la renta entera de la sociedad. Al hacer un cómputo de la renta total, o de la renta pura de un cuerpo político, es necesario deducir siempre de la circulación anual del dinero y de las mercancías el valor íntegro del dinero, pues no hay ni un maravedí que pueda considerarse como perteneciente a alguna de estas rentas.

Cuando hablamos de una cantidad particular de dinero no entendemos frecuentemente otra cosa que las piezas de metal de que se compone; pero otras explicarnos la relación oscura que tiene esta suma con las mercancías que se pueden adquirir con ella por medio de compra o cambio. Entonces la renta que señala esta suma no es más que uno de los dos valores explicados por una misma palabra con alguna ambigüedad; e incluso esta palabra posee relación más directa con la última que con la primera, esto es, con el valor de la plata más que con la plata misma.

El que posee de renta un doblón de oro a la semana puede comprar con él una pequeña porción de alimento, comodidades y placeres; la mayor o menor derroche de su gasto limita más o menos cada semana su auténtica riqueza. Esta renta no es igual a un mismo tiempo al doblón y a las compras que se pueden hacer con él, sino puramente o a uno o a otro de estos dos valores iguales, y más bien al último que al primero, es decir, más al valor del doblón, que al mismo doblón.

Si en lugar de recibir en piezas de oro este individuo su renta se le diese una letra de cambio de un doblón pagadero a siete días vista, ciertamente su renta consistiría menos en aquel pedazo, de papel, que en todo lo que podría lograr a cambio por él. Un doblón puede considerarse como una letra de cambio pagadera en cierta cantidad de cosas necesarias y placenteras, girada sobre todos los artesanos de los lugares cercanos. Resulta pues, que la renta de aquel a quien se le paga consiste mucho menos en la pieza de oro, que en todo aquello que puede conseguir con ella; y así si no pudiera cambiar el doblón, como sucede con una letra sobre quien ha hecho bancarrota, no tendría más valor que el pedazo de papel más inútil y despreciable.

La renta nacional no estaba pues en estas piezas de metal, cuyo importe está muy lejos de llegar al valor de la renta, y únicamente reside en la facultad de comprar las mercancías que con estas piezas se pueden adquirir sucesivamente según las hacen las circunstancias pasar de mano en mano: por consiguiente el dinero, esta rueda grande de la circulación y poderoso instrumento del comercio, semejante a los demás de los oficios, aunque constituya una parte preciosa del capital común, no la constituya de la renta de la sociedad; y las piezas de metal de que se compone no entran en la renta de los particulares, aunque en a lo largo de su circulación anual distribuyen a cada uno la renta que le está asignada.

Substituir la moneda de papel a la de oro y plata es reemplazar un instrumento del comercio, siempre muy costoso, por otro que cuesta menos, y que a veces es más práctico, y entonces la circulación obedece a una nueva rueda, que se mantiene a menos costa que la antigua i pero el modo de hacerse esta operación, y por donde se dirige a aumentar la renta total, o el rédito neto de la sociedad, no es tan fácil de entender.

Cuando se substituye el papel a la moneda de oro y plata, la cantidad de materias, instrumentos y subsistencias que nacen de todo el capital circulante, puede aumentarse sin duda con el valor del oro y la plata que daban antes para comprarlo. El valor entero de la rueda grande de circulación y distribución aumenta el de las mercancías, que, ayudadas por esta misma rueda, circulan y van distribuyéndose por doquier. Esta operación es parecida, por decirlo así, a la del asentista de una obra importante, que con el auxilio de algunas máquinas perfeccionadas suprime las antiguas, y añade a los fondos de donde sacaba los materiales, y el jornal de sus empleados, todo lo que esta nueva máquina disminuye el dispendio de su capital.

Es quizás imposible decir cuál sea en país la proporción justa del dinero que circula con todo el valor del producto anual que hace circular. Varios autores han querido suponer que es la quinta, la décima, la vigésima, y aun la treintésima parte de este valor; pero por pequeña que sea la proporción que hay entre el dinero que circula y el valor del producto anual, como para dar movimiento a la industria solo se destina una parte de este producto, frecuentemente pequeña, la proporción entre el dinero y esta parte debe ser muy considerable: por lo cual cuando por la substitución del papel, el oro y la plata se vean reducidos: supongamos a la quinta parte de la cantidad que era necesaria, si se añade a los fondos destinados para conservación de la industria el valor mayor parte de los otros cuatro quintos, debe resultar un grande aumento para la masa de la industria, y por consiguiente aumentar muchísimo el valor del producto anual de la tierra y del trabajo.

El autor prueba esta afirmación con el ejemplo de algunos Bancos de Escocia, cuya fundación ha influido muy particularmente en los progresos de la agricultura y de la industria, y se empeña al mismo tiempo en demostrar el inconveniente de ponerse en circulación una cantidad de papel muy grande; y este inconveniente es el escollo de todos los Bancos, cuyos tristes efectos han experimentado también los de Escocia y los de Inglaterra.

Las operaciones más prudentes y juiciosas de un Banco pueden contribuir a la industria nacional, no por el aumento del capital de un país, sino haciendo trabajar y producir la mayor parte de este capital. La parte de fondos que un comerciante se ve precisado a tener sin destino y en dinero contante para atender a las urgencias accidentales, es un capital ciertamente muerto, pues mientras permanece en este estado nada produce ni para el comerciante ni para la sociedad; pero por las operaciones útiles del Banco se encuentra el negociante en disposición de convertir este fondo muerto en un capital vivo y productivo. La moneda de oro y plata que corre, y hace circular anualmente el producto de la tierra y del trabajo distribuyéndolo entre los consumidores, debe mirarse como el dinero contante de los comerciantes entre los fondos estériles y muertos; es una parte muy preciosa de la sociedad pero la sociedad no saca nada de ella: por el contrario, las operaciones del Sanco, usando del papel en lugar de una gran porción de oro y plata, ponen a la sociedad en situación de convertir una gran parte de este fondo estancado en un capital activo, fecundo y productivo para ella.

Sin embargo es necesario manifestar que ni el comerció ni le industria, por más aumento que les dé el Banco, pueden estar tan seguros cuando, por decirlo así, se ven pendientes de las alas de la moneda-de papel, como cuando estriban sobre la basé sólida del oro y de la plata. Prescindiendo de los peligros que causa la ignorancia y poca inteligencia de los que manejan la moneda de papel, existen otros riesgos que toda la prudencia humana no es capaz de evitar.

Por ejemplo, una guerra desgraciada en que el enemigo se apodera del capital de la nación, y por consiguiente del tesoro en que se fundaba el crédito de la moneda de papel, sería mucho más terrible para una nación cuyo agente general fuese el papel, que para otra cuyos negocios se saldasen con oro y plata.

La circulación en un país puede considerarse como dividida en dos sectores diferentes. Por el primero, se hallan en relación los comerciantes unos con otros, y por el segundo se unen entre sí los comerciantes y consumidores. Como la circulación entre los comerciantes se hace siempre por mayor, necesitan una suma considerable para cada negocio particular: por el contrario, la circulación que hay entre los negociantes y los consumidores se hace por menor regularmente, y bastan para mantenerla sumas pequeñas, las cuales tienen un movimiento más rápido que las grandes.

Se puede muy bien arreglar la moneda de papel en términos que o solo sirva para la circulación establecida entre los comerciantes, o que se extienda también a una gran parte de la que hay entre estos y los consumidores; pero debe notarse que en lugares, como en Londres, donde está limitada la circulación del papel entre los comerciantes, se encuentra el oro y la plata con abundancia, al paso que apenas se –ven en lugares, como en Escocia, y sobre todo en el norte de América, se extiende una parte considerable de la circulación a los mercaderes y consumidores.

Un billete de Banco dado por individuos de crédito sólido, si se paga a la vista sin ninguna otra condición, y si se satisface luego que lo presentan, es tan bueno bajo cualquier punto de vista que se mire, como la moneda de plata y oro; pues en todo tiempo y cuando a uno le acomoda puede cambiarlo por estos dos metales; pero no es lo mismo si está sujeto a alguna condición diferencial.

Hace algunos años que varias compañías de Banco en Escocia tenían la costumbre de añadir a sus billetes una cláusula que llamaban de preferencia: según esta cláusula el portador podía recibir su pago o cuando presentaba el billete, o, si acomodaba a los directores, seis meses después de presentado con el interés legal de todo este tiempo. Los directores de algunos de estos Bancos, valiéndose de esta cláusula, amenazaron más de una vez que sacarían de ella todo el partido que podían, si los que les pedían oro y plata en cambio de gran número de billetes se negaban a disminuir alguna parte. Y como la mayor parte de la moneda de papel que circulaba entonces en Escocia eran billetes de estas compañías, se bajó su valor por la incertidumbre de su pago inferior al de la moneda de oro y plata. Mientras duró esto, el cambio, que entre Londres y Carlisle estaba a la par, en Duinfries que solo dista treinta millas de Carlisle perdía con Londres cuatro por ciento; y todo consistía en que Carlisle pagaba en oro y plata sus letras de cambio y qué Duinfries las satisfacía en billetes de los bancos de Escocia. Este, capituló sobre la plata y los Bancos es muy curioso» y aunque los límites de un extracto solo permiten tocarlos de paso, con todo, no nos parece importuno hacer una digresión sobre el Banco de Depósito de Ámsterdam, tan nombrado y conocido por toda Europa.

Del Banco de Depósito de Ámsterdam.

La moneda corriente de un Estado extenso, como Francia o Inglaterra, consiste en general en la de su propio cuño: si esta moneda llega en algún tiempo a gastarse o degradarse por cualquier causa, el Estado puede volverla a su ley primitiva, acuñándola nuevamente, o corrigiendo sus fallos; pero la moneda corriente de un Estado pequeño, como Genova o Hamburgo, no solo se compone regularmente de la del país, sino de la de los estados confinantes y vecinos con quienes tiene una continua relación. El país que se halle en estas condiciones, aunque corrija los defectos de su casa de moneda, no logrará reformar su moneda corriente, si pagase las letras de cambio giradas contra el en esta moneda; porque el valor vacilante de la cantidad librada haría que el cambio le fuese muy contrario; pues el valor que regularían los demás Estados a su moneda corriente, seria siempre inferior a su valor intrínseco por esta misma inseguridad.

Para evitar los perjuicios que precisamente habían de conllevar a estos países pequeños de esta desventaja en el cambio, los comerciantes comenzaran a especificar en sus letras, que debían pagarse no en la moneda corriente, sino con una orden o traslado en los libros de un Banco establecido sobre el crédito y bajo la protección del Estado; el Banco había de pagar exactamente en buena moneda, y según su verdadera ley. Esté parece que fue la causa que hizo nacer a los Bancos de Venecia, Genova, Ámsterdam, Hamburgo y Nuremberg, aunque después se hayan extendido a otros objetos. Siendo mejor la moneda de estos Bancos que el dinero corriente, alcanzó naturalmente un premio, el cual era mayor o menor, según era mayor o menor la degradación de la moneda. Este premio o agio del Banco, por ejemplo el de Hamburgo, que regularmente se acerca a un catorce por ciento, es la diferencia que se supone entre el cuño bueno y de ley, y la moneda corriente cortada y gastada introducida de los Estados inmediatos.

Antes del año de 1609 la grandísima cantidad de esta moneda cortada y rebajada que el comercio de Ámsterdam atrajo de los estados circunvecinos, perdía de su valor cerca de un nueve por ciento comparada con la de ley que salía de la casa de la moneda, la cual derretían y hacían desaparecer apenas empezaba a circular en el público. Los comerciantes, cargados muchas veces de aquella moneda corriente, apenas tenían la cantidad de la de ley que necesitaban para satisfacer sus letras, a pesar de los reglamentos que se publicaron entonces. Para remediar estos inconvenientes tan perjudiciales al comercio, se estableció en el mismo año de 1609 un Banco bajó la garantía de la ciudad. En este Banco se recibían las monedas ligeras y gastadas, así nacionales como extranjeras, según su verdadero e intrínseco valor, en la casa de la moneda, rebajando sólo un tanto por los gastos del cuño, y otros necesarios de administración y manejo: del valor que quedaba después de verificada la rebasa, daba el Banco crédito en sus libros. Este crédito se llamó desde entonces moneda de Banco, la cual, como representaba el valor exactamente conforme al de la ley de la casa de la moneda, poseía más valor en la realidad que la corriente. Se estableció también al mismo tiempo que las letras de cambio giradas o negociadas en Ámsterdam, que pasasen de seiscientos florines, hubiesen de pagarse en moneda de Banco, cosa que hizo desaparecer la incertidumbre antigua del valor de las letras. De resultas de este arreglo se vieron todos los comerciantes precisados a llevar una cuenta con el Banco para pagar las letras extranjeras, y esta disposición aumentó la necesidad de esta moneda.

La de Banco, además de su superioridad sobre la corriente, y de la que logra por esta necesidad, posee otras muchas ventajas, porque no se encuentra expuesta a incendios, robos y otros accidentes, pues la ciudad de Ámsterdam es responsable de su tesoro, y puede pagarse con un simple traslado, sin la incomodidad de contar, o el riesgo de transportar el dinero de una parte a otra. En virtud de estas ventajas parece que logró desde el principio algún agio o beneficio. Se cuenta que todo el dinero que se depositó cuando se fundó éste establecimiento permanece allí como entonces, porque nadie acude a que le satisfagan el crédito, que puede vender en la bolsa con ganancia: pues así como con un chelín acuñado no se pueden comprar en el mercado más efectos que los que se lograrían con uno desgastado de los corrientes, del mismo modo la buena y legítima moneda que saliese de las arcas del Banco para entrar en los de los particulares, mezclándose y confundiéndose con la moneda corriente, no seria de más valor que ella, de la cual casi no podría distinguirse después: permaneciendo depositada en el Banco, consigue una ventaja y superioridad decidida, y en poder de los particulares no puede tomar crédito sino con una incertidumbre quizás mayor que sus ventajas: además que saliendo de las arcas del Banco, pierde toda la recomendación, esto es, la seguridad, la fácil y segura circulación, y el destino primitivo de pagar las letras de cambio a todo lo cual debe añadirse no poderse sacar dinero de este Banco sin pagar algo por su guarda:

Estos depósitos de numerario o de pastas, que el Banco había de convertir en dinero, constituyen su capital primitivo, o el valor total representado por la moneda de Banco; bien que no falta quien diga compone en el día solamente una pequeña parte de él. Para facilitar el comercio tiene el Banco de muchos años ha la costumbre de acreditar él sus libros los depósitos de oro y plata; bien que este crédito es por lo general de cinco por ciento menos del valor del dinero en la casa de moneda. El Banco concede al mismo tiempo un *recepisse* o recibo, por el cual autoriza a la persona que ha hecho el depósito, o al portador, para volver a sacar el dinero cuando quiera, como por ejemplo en el término de seis meses, volviendo ¿transferir al Banco una cantidad de moneda igual a la que sirvió para dar crédito en sus libros, pagando por su guarda un cuartillo por ciento si fuese en plata, y medio por ciento si en oro; pero manifestando que de no verificarse el pago en el expresado, termino, este depósito deba pertenecer al Banco al precio que lo recibió por el traslado que se dio de crédito en sus libros. Lo que se paga por la custodia del depósito puede considerarse como un derecho de almacenaje o alquiler de casa, que por muchas razones es más cara con el oro que con la plata, porque de contado es más difícil conocer los quilates del oro que la ley de la plata, pues está más expuesto a fraudes, y porque las pérdidas son mayores en los metales preciosos, prescindiendo de que como: la plata es el metal de prueba, por citarlo de alguna manera, se supone que el estado prefiere sus depósitos a los que se hacen en derecho.

Los depósitos en dinero acostumbran a hacerse cuando su valor es más bajo del regular y vuelven a sacarlo cuando tiene mayor precio. En el mercado de Holanda el precio de las platas es regularmente superior al de la casa de la moneda, por la misma razón que lo era en Inglaterra el oro antes de la última reforma en el cuño; la diferencia que se supone en general es de seis a diez y seis sueldos en cada marco. El precio del Banco, o el crédito que da por los depósitos de esta plata (cuando se hace en moneda extranjera de ley segura y conocida, como la de los pesos mexicanos), es de veinte y dos florines por marco; en la casa de la moneda vale veinte y tres florines, y en el mercado público de veinte y tres florines y seis sueldos a veinte y tres y diez y seis, o dos a tres por ciento sobre el precio de la casa de la moneda. Casi la misma proporción existe entre el precio que el Banco y la casa de moneda dan al oro. Cualquiera puede vender su recibo o *recefisse* por la diferencia entre el precio de la casa de la moneda y el corriente del mercado. Un recibo de depósitos de plata u oro proporciona siempre alguna ventaja; y así rara vez se da lugar a que espire su término, o que se deje al banco por el precio a que fue recibido, ya por no sacarlo antes de cumplirse los seis meses, ya por descuidarse en el pago del un cuartillo o medio por ciento para conseguir otro recibo para los seis meses siguientes. Aunque sucede rara vez, no deja de verificarse algunas, y más frecuentemente con el oro que con la plata, por el mayor dispendio que causa su custodia.

El que por uno de estos depósitos consigue crédito en el Banco, y al mismo tiempo un recibo, paga sus letras de cambio según se van cumpliendo con el crédito, y vende o guarda su recibo según el juicio que forma de que ha de subir o bajar el precio del dinero. Rara vez se junta el conservar el *recefisse* con el crédito del Banco por no ser necesario: el que tiene un *recefisse*, y necesita extraer su dinero, encuentra siempre moneda o crédito de Banco que comprar, y recíprocamente el que tiene crédito en el Banco encuentra recibos de venta con la misma facilidad.

Los dueños de los créditos, y los poseedores de los recibos, son dos clases de acreedores del Banco. El que tiene un *recefisse* no puede sacar su importe sin señalar en el Banco una suma de moneda igual al precio a que se haya recibido el dinero; y si se halla sin crédito en el Banco, se ve necesitado a comprarlo a los que lo tienen. El propietario de créditos contra el Banco no puede extraer su dinero sin presentar en recibos una cantidad igual a la que pide, y si no los tiene propios, también se ve precisado a comprarlos. Cuando el dueño de un recibo compra créditos sobre el Banco, compra la facultad de sacar una cantidad de numerario, que se vende con la ventaja de un cinco por ciento sobre el precio de la casa de la moneda, con lo cual se notifica que el agio de cinco por ciento que regularmente se paga por él, no es por el valor imaginario, sino por un valor real y efectivo. El propietario de créditos contra el Banco cuando compra un recibo compra la facultad de extraer una cantidad de dinero, cuyo precio ordinario de dos o tres por ciento es superior al de la casa de la moneda; el precio que da por él paga por la misma razón como valor efectivo, y el precio del recibo y el del crédito del Banco compensan entre los dos el valor entero del numerario.

El Banco da en el país créditos y recibos sobre depósitos de moneda corriente; pero estos recibos no tienen por lo regular valor en el mercado: por ejemplo, sobre los ducatones que pasan en el publico por tres florines y tres sueldos cada uno, el Banco solo da crédito de tres florines o de cinco por ciento menos de su valor corriente. También da un recibo autorizando al portador para sacar en cualquier tiempo dentro del término de los seis meses el numero de ducatones depositado, pagando solamente un cuartillo por ciento por la custodia; este recibo por lo regular no tiene premió en el mercado: tres florines del Banco se venden por tres florines y tres sueldos, esto es, por el valor entero del ducaton fuera del Banco ; pero antes de sacarlo es preciso pagar un cuartillo por ciento por su custodia, que es la única pérdida para el dueño del recibo. Con todo si el agio del Banco cayese en algún tiempo al tres por ciento, semejantes recibos podrían lograr cierto premio en el mercado, y venderse en él con el de uno y tres cuartillos por ciento; pero siendo en el día el agio de cinco por ciento, por lo general espiran o caen en el Banco con asiduidad. Los recibos hechos por depósitos de ducados de oro caen en él incluso más a menudo, por ser más alto el precio de su almacenaje, pues se paga medio por ciento antes de poder sacarlos. El cinco por ciento que gana el Banco cuando le caen estos depósitos puede considerarse como alquiler de la casa para su guarda o custodia perpetua.

No puede pedirse cosa alguna al Banco sino por medio de un *recefisse* porque la parte más pequeña de su moneda, cuyos recibos han espirado, está mezclada y confundida con la masa mayor, cuyos recibos están en fuerza y circulación; de modo que aunque hay una gran porción de dinero, cuyos *recefisse* han caído para el Banco, no se sabe de fijo la que podría reclamarse de repente, porque el Banco no puede deber una misma cosa a dos a un tiempo. En tiempo de paz se encuentran corrientemente de venta los recibos a un precio regular; pero en el caso de una invasión, como la de los Franceses en el año de 1672, es mucho más difícil, En aquella circunstancia la inquietud y deseos que los dueños de la moneda de Banco tenían de sacarla y ponerla a salvo, les concedió un grandísimo valor. Los que los poseían llegaron a pedir hasta la mitad de la cantidad del dinero que se había de sacar con ellos del Banco. Si el enemigo hubiera conocido la constitución del Banco, hubiera podido comprar estos recibos para impedir se sacase de él el tesoro. Ahora se cree que en otras circunstancias como aquellas el Banco se apartaría del actual sistema de no pagar sino a los que se presentan con recibo. Los que los tuvieran, y se hallaran sin moneda de Banco, recibirían un dos o tres por ciento del valor del depósito representado por sus recibos. Por todo lo cual debe suponerse, que en otro caso semejante el Banco no tendría escrúpulos en pagar el valor íntegro de sus créditos en los libros a los dueños de la moneda de Banco que no hubiesen podido adquirir recibos, pagando al mismo tiempo un dos o tres por ciento a los dueños de los que no tuviesen moneda de cambio, pues esta era la cantidad que en realidad se les debía.

Incluso en tiempos de paz y sosiego los propietarios de los recibos tienen interés en rebajar el agio o para comprar más barata la moneda del Banco (y por consecuencia el dinero que con los recibos se podría sacar de él), o para vender más caros los recibos a los que tienen moneda de Banco, y necesitan extraer de él cantidades en efectivo ; pues el precio de un recibo es generalmente igual a la diferencia del que tiene en el mercado la moneda de Banco, y la del numerario que por él se dio. Por el contrario los dueños de la moneda del Banco están interesados en subir el agio, o para vender más cara su moneda, o para comprar más baratos los recibos. Con el fin de evitar los enredos del agiotaje, que podrían resultar alguna vez de este choque de intereses encontrados, determinó el Banco, hace algún tiempo, vender perpetuamente su moneda por la corriente al *agio* de cinco por ciento, y volverla a comprar al cuatro por ciento. Por esta resolución el agio no puede pasar de cinco, ni bajar de cuatro por ciento, y no varía casi en general la proporción entre el precio de la del Banco y la corriente muy próxima a su valor intrínseco. Antes que se tomase esta determinación el precio de la moneda de Banco en el mercado solía subir hasta el agio de nueve por ciento, o llegar a bajar hasta ponerse a la par, según la influencia que tenían en el mercado estos intereses contrapuestos. No es habitual en el Banco de Ámsterdam el prestar parte alguna de lo que se deposita en él, y está en la posesión más minuciosa de guardar en su tesoro el valor de un florín, sea en pasta o en dinero, por cada florín de que da crédito en sus libros : no se puede dudar de la exactitud de esta conducta; pero que haga lo mismo con aquella parte de su capital cuyos recibos han espirado mucho tiempo ha, y que en muchísimos años de quietud y tranquilidad no han vuelto a presentarse, y que regularmente han de quedar así mientras dure la República de las siete Provincias, puede quizás parecer menos auténtico.

Sin embargo, en Ámsterdam están persuadidos generalmente que por cada florín que circula en moneda de Banco hay otro florín correspondiente en oro o plata en su tesoro. La ciudad sale por garante de ello, y el Banco está bajo la dirección inmediata de los cuatro Burgomaestres, que se mudan todos los años; cada tanda de Burgomaestres visita el tesoro, lo compara con los libros, lo recibe con juramento, y lo entrega con la misma solemnidad a los que le suceden; y en aquel país sobrio y religioso los juramentos se miran con el respeto que corresponde. Éste turno o rotación parece que es una defensa suficiente para la seguridad de este establecimientos y en medio de las infinitas revoluciones que el espíritu de partido ha causado en Ámsterdam, jamás se ha tenido en cuenta que el entrante haya acusado de infidelidad a sus antecesores en la administración y gobierno del Banco. Ninguna acusación hubiera herido más profundamente la reputación del partido desgraciado, y no hubieran dejado de hacerla si hubieran podido probarla. Cuando en el año 1672 estaba el Rey de Francia en Utreck, el Banco de Ámsterdam pagó con tal puntualidad, que no dejó duda de la fidelidad de su manejo. Algunas de las monedas que se sacaron del tesoro conservaban todavía señales de un incendio que hubo en la casa de la ciudad poco después de la fundación del Banco; de lo que se deduce con razón que permanecían allí las monedas desde entonces.

Los curiosos se han ocupado frecuentemente en calcular la suma a que asciende el tesoro total del Banco. A la verdad sobre este punto es necesario ceñirse a suposiciones. Se piensa por lo general que serán dos mil las personas que tienen cuenta con él: suponiendo que una con otra tenga el valor de mil quinientas libras esterlinas (cálculo demasiado alto), la cantidad total de la moneda del Banco, y por consiguiente de su tesoro, ascenderá a unos tres millones de libras esterlinas, o treinta y tres millones de florines a razón de once florines por libra; suma a la verdad muy grande, y suficiente para mantener una circulación muy vasta, pero inferior en mucho a las ideas extraordinarias que algunos se han formado de su tesoro.

La ciudad de Ámsterdam obtiene del Banco una renta considerable. Además de la que puede llamarse de almacenaje, a la que nos hemos referido ya, cada persona al abrir la primera cuenta con el Banco paga diez florines; por cada vez que se transfieren sus créditos, dos sueldos, y si el traslado es de menos de trescientos florines, seis sueldos, con el fin de disminuir la cantidad de estas transacciones pequeñas. El que se descuida en hacer dos veces cada año el balance de sus cuentas, debe pagarle veinte y cinco' florines: el que traspasa suma mayor de la que tiene según los libros, paga tres por ciento por el exceso de la cantidad, y su orden queda sin ejecución. Se cree también que el Banco gana mucho en la venta del numerario extranjero, o pastas que suelen caerle por haber espirado los recibos, los que no se venden hasta que puede realizarse con ventaja. También la saca de vender su moneda al agio de cinco por ciento, y volverla a comprar al cuatro por ciento. El producto de estas retribuciones es muy superior a los gastos que ocasionan los sueldos de los empleados y demás de administración, Se cree que únicamente la custodia de la pasta o numerario deja cada año una renta de ciento y cincuenta a doscientos mil florines. La utilidad pública, y no la de la venta, fue el objeto primitivo de este establecimiento: sus fundadores no tuvieron otro fin que el de liberar a los comerciantes de la desventaja del cambio; la utilidad que ha resultado después fue imprevista, y puede considerarse como accidental. Pero ya es tiempo de que salgamos de esta digresión, en que nos hemos metido sin darnos cuenta, queriendo explicar las razones por que el cambio entre los países que pagan en lo que se llama moneda de Banco, y los que pagan en la corriente, debe aparecer por lo corriente favorable a los primeros, y contrario a los segundos: el primero paga en una especie de moneda, cuyo intrínseco valor es siempre el mismo, y exactamente conforme a la ley de sus respectivas casas de moneda y el último en una, cuyo intrínseco valor varía continuamente, y que casi siempre es más o menos inferior a su verdadera ley.

El autor trata después de la reunión de los capitales y del trabajo productivo y no productivo.

Hay dos especies de trabajo, uno que añade algo, y otro que nada añade al valor de los objetos en que se ejerce; aquel puede llamarse productivo, y este no productivo. Así en una fábrica el artesano añade regularmente al valor de las materias en que se emplea el de su manutención particular, y la ganancia de su amo: por el contrario, en una casa el trabajo de un criado no da valor a cosa alguna. Aunque el maestro fabricante dé a sus oficiales un tanto por ciento del jornal adelantado, este jornal no le cuesta nada en realidad, porque en general encuentra su valor compensado, y aun aumentado con la ganancia que le da el trabajo hecho en aquellas materias; pero nada hay que compense al amo la manutención de un criado, y así el uno se enriquece empleando muchos oficiales, y el otro se empobrece teniendo muchos criados. A semejanza del trabajo de los criados es el de algunas clases de las más respetables de la sociedad, que no producen valor alguno, ni puede convertirse ni realizarse en un objeto permanente ni género comerciable, que dure después de concluido el trabajo, y que pueda cambiarse por cualquiera otra cosa. Muchas son las profesiones, tanto de las más graves como de las frívolas, que pueden colocarse en esta clase.

El producto anual de la tierra y del trabajo mantiene en cada país tanto a las clases ociosas como a las de los artesanos productores y no productores; pero como por grande que sea este producto no puede ser infinito, la naturaleza de las cosas lo limita por necesidad, según lo más o menos que cuesta la manutención de los individuos que no producen cosa alguna; de lo cual resulta que queda más o menos para la subsistencia de los productores y de modo que el producto del año siguiente ha de ser proporcionado a este principio; pues si exceptuamos los dones espontáneos de la tierra, el producto anual es efecto del trabajo productivo.

Aunque en cada país el producto total y anual de la tierra y del trabajo venga al fin a dedicarse al consumo de sus habitantes, y proporcionarles una renta, con todo cuando es fruto o de la tierra o de los artesanos productores, se distribuye naturalmente en dos partes; la una, que es generalmente la mayor, va a reemplazar inmediatamente el capital, esto es, a la renovación de los víveres, los materiales, y las obras acabadas que han salido del trabajo; la otra se separa para formar una renta, o al dueño de este capital, como beneficio de sus fondos, o a cualquiera otra persona, como renta territorial. Si le consideramos como fruto de la tierra, reemplaza por un lado el capital del arrendador, y por la otra atiende a un mismo tiempo a la utilidad y ganancia de este, y a la renta del propietario, constituyendo así una renta para el dueño de este capital como interés de sus fondos, y para cualquiera otra persona como renta territorial. Si analizamos el producto de una fábrica como fruto de los artesanos productores, una parte de el, esto es, la mayor, reemplaza el capital del asentista, y la otra le produce un beneficio, y forma de este modo una renta al dueño del capital.

El objeto inmediato de la parte que va a sustituir el capital, es atender a la manutención de los artesanos productores, respecto de que solo sirve para pagarles su jornal; pero aquella parte cuya función inmediata es formar una renta, sea como Interés de los fondos o como renta territorial, puede atender sin distinción a la subsistencia de los artesanos productores y no productores. De aquí se deriva que la proporción entre las clases productivas y las que no lo son depende en todos los países de la que hay entre esta parte del producto anuo, cuyo empleo inmediato es reemplazar el capital, y la otra parte que se destina a crear una renta.

La proporción que hay entre la aplicación de estos diferentes productos determina por necesidad el carácter general de actividad o de pereza que distingue a los habitantes de un Estado; y así se ve que en las ciudades en que el comercio y las fábricas proporcionan la subsistencia a las últimas clases del pueblo, empleando un capital grande, el hombre es generalmente activo e industrioso, y tiene cierta economía esperando mejorar su situación ; pero en las que no hay otro medio de subsistir que por la residencia constante o periódica de una corte, donde el pueblo bajo vive tan solo de lo que gastan los ricos, el ser humano es por lo general perezoso, descuidado y pobre ; y así se han visto algunos lugares, adelantados por el progreso de sus fábricas, caer en la pereza y la miseria solo por haber establecido algún señor poderoso su residencia en sus inmediaciones.

De todo lo que acabamos de manifestar resulta que la proporción entre el capital y la renta es el termómetro de la industria y de la pereza. Si el capital predomina, prospera y florece aquella, y al contrario. La economía aumenta los capitales; la prodigalidad y abandono los disminuye.

Todo el ahorro que se efectúa en la renta aumenta el capital; y cuando uno por sí no lo emplee, o haga valer para dar ocupación a mayor número de manos productoras, proporciona a otro para que lo haga por medio de un préstamo o Interés. Así como nadie puede aumentar su capital sino economizando la renta o las ganancias que pueda tener cada año, del mismo modo una sociedad;, cualquiera que sea, no puede engrosar el suyo sino con la economía, pues al fin su capital se compone de la reunión del de los individuos que constituyen la sociedad.

El consumo de los ahorros anuales es tan regular y rápido como el de los gastos; pero la clase de consumidores es diferente. La parte de renta que el rico gasta .cada año pasa por lo regular a la clase improductiva, esto es, a los criados, que no dejan rédito alguno de su consumo; el ahorro anual que hace, y que emplea inmediatamente como capital para sacar alguna utilidad o beneficio, lo gasta casi con la misma rapidez; pero pasa a la clase productiva de los labradores, fabricantes y artesanos, que reproducen con interés el valor de su consumo anual.

Si la economía de los unos no equilibra la prodigalidad de los otros, el derroche del pródigo, que alimenta a la pereza con el pan que ha ganado la industria, no solo le arruinaría, sino que llevaría a la miseria al estado. Y aun cuando fuese cierto que el prodigo solo consumiese los géneros y mercancías de su país sin tomar nada de los extranjeros, ¿no dejaría de causar la misma alteración en los fondos productores de la sociedad?

Se argumentará probablemente que no haciendo uso de las mercancías extranjeras, no causará extracción alguna de numerario, y que la cantidad que queda de este será siempre la misma» pero sí se disminuye el valor del producto anual en un país, es preciso se disminuya también la masa del dinero. Este no tiene otra finalidad que el de hacer circular todos los efectos de consumo: él compra los víveres, los materiales, las obras acabadas, y las distribuye entre sus diferentes consumidores; por lo mismo el numerario que un país puede emplear anualmente se ve limitado o determinado por el valor de las mercancías que el consumo anual hace circular. Estas mercancías son por necesidad, o producto anual de la tierra y del trabajo, o efectos que se compran con una parte de este producto, y su valor se disminuye en la misma proporción que el valor de este producto; de lo que resulta precisamente minorarse también la cantidad de dinero que las hace circular. El dinero, que por la diminución del producto anual sale de la circulación interior, nunca queda parado ni estancado. Su dueño interesado en darle algún destino, y viendo que no puede hacerlo dentro de su país, lo envía fuera a pesar de todas las leyes y prohibiciones, y compra géneros que puedan servir para el consumo interior.

De esta forma la extracción de la plata continua aumentando algo a lo que el país consume anualmente además de su producto. Todo cuanto se haya ahorrado de este en el tiempo de la prosperidad y la opulencia para comprar la plata y el oro, podrá sostener, aunque por un término corto y limitado, este consumo en los días de la adversidad y decadencia. En estas circunstancias la extracción del oro y de la plata no será la causa, sino el efecto de la disminución del producto anual.

Por el contrario el dinero se aumenta en todas partes al paso que crece el valor del producto anual; y como las mercancías de consumo, que circulan anualmente en la sociedad, adquieren mayor valor, necesitan una cantidad mayor de dinero para circular. Una parte de este producto aumentado irá naturalmente a comprar nueva porción de oro y plata para hacer circular la otra. En este caso se ve que estos metales no son la causa, sino el efecto de la prosperidad pública.

Al concluir este capítulo resalta el autor que la imprudencia, prodigalidad y despilfarro llegan rara vez a alterar la suerte de una nación grande, pues lo impiden la economía y buena conducta de otros en mucho mayor número; prescindiendo de que el gusto del derroche y de la profusión es por lo general una ráfaga pasajera y momentánea, lo cual no ocurre con el principio que naturalmente nos inclina a la economía, que es una inclinación tranquila y duradera, porque no proviene de pasiones, en que la mayor parte de los individuos, deseosos de mejorar de condición, miran la economía como un medio seguro de conseguirlo.

Los errores del Gobierno poseen una influencia mas directa y señalada en la prosperidad pública. Con todo nuestra larga experiencia nos ha hecho notar, que la economía y moderación de los particulares compensa, no solo el derroche o imprudencia de algunos individuos, sino también los gastos extraordinarios del Gobierno. La uniformidad constante de los esfuerzos que hace cada individuo para mejorar de condición, principio primitivo de la riqueza individual y nacional, tiene por lo común bastante fortaleza para mantener los progresos naturales de las cosas, a pesar de los desperdicios exagerados y de los errores más de bulto de los que gobiernan. Esta uniformidad es parecida al principio incógnito de la vida animal, que contra todas las crisis de la enfermedad y de las recetas disparatadas del médico, restablece la constitución a su primer vigor y lozanía

Vuelve el autor a tratar de los gastos del rico; y prueba con pelos y señales, que los que no dejan rastro alguno después de hechos, deben considerarse como perdidos para el estado, y que los que provienen de un genio económico, de cualquier modo que sea, vienen finalmente a convertirse en utilidad de la nación, aumentando la suma de las riquezas nacionales. El capítulo siguiente trata de los fondos prestados a interés, Los préstamos a interés se realizan casi siempre o en dinero efectivo o en billetes ; pero el que lo toma no pide en realidad la moneda para socorrer sus necesidades, ni tampoco es el dinero lo que el prestamista le da para ello. Lo que el uno quiere, y el otro le da, es el valor del dinero, o con más propiedad los efectos que pueden comprarse con él: así un capital de esta naturaleza, prestado a Interés, se considera como un traspaso, que el prestamista hace a favor del que le pide prestado, de una cierta porción de producto anual, con la condición de que este pagará anualmente al prestamista una pequeña parte de este mismo producto anual, que se llama interés, y que al fin del año ha de restituir el total de la cantidad que se le había cedido, lo cual se llama reembolso. De aquí se sigue, que aunque el dinero o los billetes sirvan en general de instrumento para trasladar así las sumas pequeñas como las grandes, con todo, así el dinero ni el papel tienen una naturaleza idéntica con las cosas que se trasladan por su medio.

El interés monetario se aumenta naturalmente cuando crece en un país aquella parte del producto anual destinada a reemplazar el capital después que sale de la tierra o de las manos de los artesanos productores. El aumento de estos capitales particulares, de que los dueños quieren sacar cierta renta sin tomarse el trabajo de hacerlos circular por sí, sigue progresivamente el aumento general de todos los capitales; esto es, la cantidad de fondos que se prestan a interés va creciendo según se van aumentando por otro lado los fondos generales ; pero cuando la cantidad de estos fondos particulares llega a ser muy numerosa, se disminuye por necesidad el interés que producen, o el precio que se da por el uso de estos fondos; en primer lugar por la razón general de que toda mercancía baja de precio según se va aumentando su cantidad, y en segundo por otras causas que influyen en estos casos especiales.

Después de manifestar estas causas rebate el autor la opinión de Loke, de Law y de Montesquieu, que a imitación de otros escritores parece que atribuyen la diminución del interés en la mayor parte de la Europa a la gran porción de oro y plata que ha venido desde el descubrimiento de la América.

Se refiere después a la usura; y argumenta, que no hay ley alguna que pueda reducir el interés a un punto más bajo del que tenia por lo general en la época que se publicó esta ley; y añade, que el precio corriente y ordinario de las tierras depende en todas partes de la cantidad ordinaria del interés.

Como la tierra, además de ser una posesión segura, tiene otras ventajas, el individuo generalmente se contenta con sacar de ella renta menor, y la prefiere a la que proporciona el dinero prestado a interés, pues al fin esta seguridad y estas ventajas compensan la pequeñez del rédito: con todo$_3$ esta compensación no es rigurosamente igual, pues si la renta la tierra bajase a un grado más inferior con respecto al interés del dinero, ninguno querría comprar las tierras. Por el contrario, si esta seguridad y estas ventajas hicieran algo más que compensar lo que la renta da de menos, entonces todos querrían comprarlas.

Analicemos ahora cuales son los diferentes destinos y empleos que se dan a los capitales. Un capital puede emplearse de cuatro formas diferentes.

I. En proporcionar a la sociedad el producto natural que necesite para su consumo cotidiano,

II. En preparar y trabajar este producto natural para facilitar el consumo.

III. En transportar, sea los productos naturales o trabajados, de los países en que son abundantes a otros en que no los hay.

IV. En dividir porciones particulares, así del producto natural como del manufacturado, en muchas partes pequeñas, según se necesitan para atender a las exigencias accidentales de cada individuo se emplea un capital del primer modo por aquellos que se entregan al cultivo de la tierra, al trabajo de las minas, y a las pescas del segundo por los empresarios y dueños de las fábricas y manufacturas ; del tercero por los grandes comerciantes y negociantes y del cuarto por los que venden al por menor. No parece posible que se dé a un capital otro destino que no se incluya en alguno de estos cuatro.

Cada uno de ellos es absolutamente necesario para la existencia o ventaja de los otros tres, o para el bien general de la sociedad.

Los que emplean sus capitales de uno de estos cuatro modos pueden considerarse en realidad como artesanos productores. Las utilidades del arrendador, del fabricante, del negociante y de los tenderos salen todas del precio de las mercancías que producen los dos primeros, y que los otros dos venden y compran.

Pero, en igualdad de capitales ninguno genera más movimiento más trabajo productivo que el capital del labrador. Es preciso colocar en las clases de artesanos productivos, no sólo los sirvientes de los labradores, sino también los animales que contribuyen a su trabajo, pues en la agricultura el individuo y la naturaleza trabajan juntos; y aunque el trabajo de esta no le cueste nada, la naturaleza da por su trabajo un producto que tiene su valor. De esta forma los labradores y los animales de labor no sólo reproducen en la agricultura, del mismo modo que el jornalero en las fábricas, un valor igual a su consumo, o al capital que los utiliza con cierto beneficio para el dueño del capital, sino que dan además una reproducción, cuyo valor es mucho más considerable; pues prescindiendo del capital, y de la utilidad del arrendador, reproducen naturalmente la renta del propietario. Esta puede considerarse como producto del poder de la naturaleza, cuyo uso presta el propietario al arrendador. Este producto es mayor o menor, según es mayor o menor este poder o impulso de la naturaleza; o en otros términos, según el grado de fertilidad natural o adquirida de la tierra.

Si se rebaja lo que puede considerarse como obra del hombre, lo que resta será producto de la naturaleza. Este resto rara vez baja de la cuarta parte, y regularmente excede la tercera del producto total. No hay fábrica alguna en que cantidad igual de trabajo productivo pueda causar una reproducción tan portentosa. En las fábricas la naturaleza nada hace, el individuo lo hace todo, y la reproducción es siempre proporcionada a la fuerza de los agentes que la provocan. De esta manera un capital destinado a la agricultura pone por una parte en movimiento una cantidad de trabajo mucho mayor que la que se movería en una fábrica a impulsos de este mismo capital, y por la otra añade un valor de más consideración al producto anual de las tierras y del trabajo del país, con proporción a la cantidad del trabajo productivo que utiliza. Este es sin duda el modo de emplear el capital con más ventaja para la sociedad.

Libro III: *De los progresos de la opulencia entre diferentes naciones*

El comercio fundamental de toda sociedad civilizada se establece entre las ciudades y los lugares por el cambio del producto natural y manufacturado, hecho sin intervención alguna, o por medio del dinero, o del papel que lo represente.

Como es propio del orden de las cosas existir antes las necesarias para vivir, que las de lujo y de capricho, aquella clase de industria dirigida a socorrer nuestras primeras necesidades ha de ser lógicamente anterior a la que solo nos da los demás artículos. De aquí se infiere, que el cultivo y mejora de los campos, que traen al ser humano la subsistencia, han precedido por necesidad a la riqueza de las ciudades, de que el hombre no saca más que objetos de luxo,

Supongamos que sean las ganancias iguales de una y otra parte, y, veremos que casi todos los individuos dedican sus capitales a la agricultura, con preferencia a las fábricas y comercio extranjero. El que utiliza su capital de esta forma lo tiene siempre, por decirlo así, a la vista y bajo de su mano: cuida de sus intereses, más de cerca que puede hacerlo el negociante con los suyos; pues en el comercio no sólo es necesario exponerlos a los vientos y las olas, sino a los elementos, todavía más peligrosos, de la demencia e injusticia de los individuos. Por otra parte, la belleza del campo, los placeres de la vida campestre, la tranquilidad de ánimo, y la independencia que da, mientras que la injusticia de las leyes humanas no vayan a perturbarla, tienen siempre un atractivo más o menos poderoso para los individuos; y como en nuestro origen salimos destinados para cultivar la tierra, parece que en todos los periodos de la vida nos arrastra una cierta afición a nuestro destino primitivo.

No hay duda que el cultivo de la tierra estaría abocado a muchos inconvenientes e interrupciones sin el auxilio de algunos artesanos. El labrador necesita, frecuentemente del herrero, del carpintero, del carretero, del albañil, del curtidor, del zapatero y del sastre: estos artesanos por su parte necesitan también de otros; y como su residencia no está ceñida precisamente a un punto fijo y determinado, como la del labrador, va naturalmente a establecerse el uno cerca del otro, y forman una pequeña población, la cual se sustenta con el carnicero, tabernero, panadero y otros que no tardan, en añadirse.

Cuando se trata de dar destino a un capital, y las oportunidades que se presentan son iguales o casi iguales, se prefieren naturalmente las fábricas al comercio extranjero, por la misma razón que se prefiere la agricultura a las fábricas: pues así como el capital del arrendador y del propietario está más seguro que el del fabricante, así también el capital de este se considera más seguro que aquel negociante extranjero. Siguiendo él curso natural de las cosas, la mayor parte del capital de una sociedad que empieza a constituirse, se inclina a la agricultura, pasa después a las fábricas, y acaba por tomar parte en el comercio extranjero. Este orden de cosas es tan conforme con el de la naturaleza, que quizás no existe Estado alguno, dueño de un territorio que haya dejado de cumplirla.

La explicación de los progresos naturales de la riqueza conducen sin notarlo al autor a investigar las causas de la decadencia de la agricultura de la Europa después de la destrucción del Imperio Romano.

Cuando los Scitas y Germanos invadieron las provincias occidentales de aquel extenso imperio duró la confusión y el desorden muchos siglos después de esta terrible revolución. Los primitivos habitantes, entregados a la violencia y rapiña de los bárbaros, cortaron todo comercio entre las ciudades y los campos, huyeron de las ciudades, dejaron sin cultivo a los campos, y las provincias occidentales de la Europa, que bajo el poder de los romanos se habían hecho ricas y poderosas por la civilización, cayeron de golpe en la miseria y la barbarie. En medio de esta terrible conmoción y desolación general los jefes y principales del pueblo conquistador adquirieron, o por mejor decir, usurparon la mayor parte de las tierras que reunidas de esta manera quedaron reducidas a un pequeño número de extensas posesiones. Este mal podía quizás ser solo momentáneo y pasajero, pues podían dividirse y desmembrarse de nuevo estas tierras por herencias y enajenaciones; pero la ley de primogenitura y la de las sustituciones impidieron que se realizara por ninguno de estos dos caminos.

En los tiempos en que una gran posesión territorial constituía una especie de principado, las substituciones no debían considerarse como inoportunas: semejantes a algunas leyes que llaman fundamentales en ciertas monarquías, podían impedir que el capricho o la extravagancia de un individuo solo expusiese la seguridad y aun la existencia de muchos millares de personas; pero en el estado actual de Europa, las más pequeñas como las más grandes posesiones deben esta seguridad al poder de las leyes, no hay cosa más absurda que estas substituciones. En efecto, ¿cómo hemos de dejar de juzgarlas así, cuando las vemos constituidas en la suposición más falsa que los seres humanos han podido imaginar, de que cada generación sucesiva no tiene un derecho igual a la tierra, y a cuanto posee en ella, sino que la fantasía o capricho de un individuo, que dejo de vivir quizás más de quinientos años puede limitar la propiedad de la generación actual?

Sin embargo, las substituciones se ven todavía respetadas en la mayor parte de la Europa, sobretodo en aquellos estados en que se necesita acreditar una nobleza originaria para obtener la magistratura o los honores, de la milicia. Este requisito se ha mirado corto necesario para perpetuar en una clase de ciudadanos el privilegio exclusivo de los empleos y dignidades principales del Estado.

De esta manera una grandiosa extensión de tierra vino a ser patrimonio de algunas familias, que no tuvieron ni siquiera la facultad de dividirla, pues tomaron todas las medidas para imposibilitar que se llevara a cabo: ¿que perjuicios no resultaron de esto a la agricultura? El dueño de muchas tierras con dificultad las mejora y adelanta. En aquellos tiempos de confusión, en que tuvieron principio estas bárbaras instituciones, un señor se ocupaba puramente en defender su territorio, o en aumentar su jurisdicción y autoridad a costa de la de sus vecinos, ¿Qué tiempo había de disponer entonces para mejorar y cultivar sus tierras?

Si no podían esperarse mejoras considerables en la agricultura de parte de los dueños de grandes territorios, mucho menos debían prometerse de aquella clase malaventurada que no trabajaba la tierra para si, sino para ellos. La experiencia de muchos siglos y naciones ha demostrado, que el trabajo de los esclavos, que no cuesta más que los gastos-de su manutención viene a ser al fin el más caro de todos. El individuo que no puede adquirir propiedad alguna no tendrá otro interés qué el de comer lo más, y trabajar lo menos que pueda: se le obligará por la fuerza a que trabaje más de lo necesario para cubrir los gastos de su manutención, pero este sobrante no será fruto de ningún interés personal del esclavo.

Callaremos los hechos históricos con que prueba el autor esta verdad, la cual por un interés mal entendido no se conoce todavía en algunos países, con escándalo de la humanidad y de la nación: demuestra en ellas los perjuicios que ha causado en todos tiempos a la agricultura la esclavitud pública o particular: manifiesta la diferencia que hay entre los auténticos arrendadores, y los que llamaban los romanos *colani fartiarii*, esto es, colonos parceros: la condición de los primeros le parece mucho más favorable para la agricultura que la de los segundos, y que cuando el propietario se resuelve a cultivar una hacienda por si, puede sacar más provecho que el arrendador.

En efecto, compárese con éste el dueño de la tierra, y reconoceremos en aquel un comerciante que negocia con dinero prestado, y en éste uno que lo hace con su propio caudal. Los fondos de ambos son susceptibles de aumento; pero suponiendo a los dos una conducta igualmente juiciosa, crecerán los del primero con más lentitud que los del otro, por tener aquel que dedicar una parte de su ganancia a pagar el interés del dinero que ha tomado prestado. La tierra del arrendador, aunque cultivada con tanto esmero e inteligencia como la del propietario, tardará más que la otra en sus progresos, respecto a que tiene que pagar por el uso de ella una porción considerable de la renta, la cual ahorraría si el arrendador fuese propietario, y podría aplicarla a nuevas mejoras.

Por último, la antigua policía de Europa impidió los progresos del cultivo con perjuicio de los propietarios y arrendadores: primeramente por la prohibición de extraer granos sin una licencia expensa; en segundo lugar por los obstáculos que presentaba al Comercio interior de los granos y de todas las otras producciones: estos obstáculos provenían de la multitud de leyes absurdas, dirigidas unas veces contra los monopolistas y logreros, y otras a favor de las ferias y mercados a que se concedían privilegios

Después de haber analizado el autor las causas de la decadencia de la agricultura en Europa desde la caída del Imperio Romano, pasa a investigar del origen y progresos de los lugares y ciudades Destruido, manifiesta, el Imperio Romano, la situación de los que habitaban las ciudades no fue más feliz que la .de los que vivían en los campos: en aquellas solo quedaron los comerciantes y menestrales, que al parecer eran todos de condición servil. Las cartas de privilegios de algunas de las primeras ciudades de Europa ponen en evidencia cual era la suerte de aquellos ciudadanos antes de estas concesiones. Unos individuos a quienes se concede como privilegio que puedan casar sus hijas sin consentimiento del señor, que los hijos hereden a sus padres, que cada uno pueda disponer de sus bienes por testamento; estos hombres, vuelvo a decir, en la época de estos privilegios se veían sin duda reducidos a la misma vileza y servidumbre que pesaba sobre los que vivían en las aldeas.

Aunque, cualquiera que fuese el grado de esclavitud a que en su origen habían llegado los habitantes de las ciudades, es positivo que fueron los que consiguieron antes la libertad e independencia.

Es probable que el cuerpo de vecinos lograse el arriendo de, la ciudad, como lo habían tenido antes otras personas, y que después lo conservasen a perpetuidad mediante alguna renta que quedaría irrevocablemente establecida, sin que por una ni otra parte pudiera aumentar ni disminuir. La perpetuidad del pago llevaba necesariamente la de las exenciones por que se hacía. Estas exenciones dejaron de ser personales, y no pudieron considerarse como inertes a algunos individuos, sino como propia de todo el cuerpo de vecino de un pueblo particular, que desde entonces se llamó lugar o pueblo franco, por la misma razón que habían antes algunos individuos para ser llamados vecinos francos y exentos.

Obtuvieron también en esta época casi todos los vecinos de los pueblos grandes la facultad de reunirse en comunidades o gremios, con el privilegio de tomar magistrado o consistorio suyo, y de redactar estatutos con que habían de gobernarse: pudieron entonces amurallar las ciudades para defenderse: se pusieron bajo un cierto pie de disciplina militar, que les obligaba a velar y hacer la centinela; esto es, según se entendía en aquel tiempo, a defender su pueblo de las sorpresas de la noche, y de los ataques del día. Casi todas las ciudades de Italia y Suiza se convirtieron en repúblicas independientes; y vencida su nobleza y destruidos sus castillos, obligaron a los miembros de ella a vivir pacíficamente en la ciudad con todos los demás habitantes de ella. Esta es la historia abreviada de la república de Berna, y otras muchas ciudades de la Suiza: esta es, si se exceptúa a Venecia, cuyo gobierno ha tenido un origen algo diferente; esta es, repito, la historia de todas las repúblicas importantes de Italia que se elevaron y; perecieron en tanto numero .entre fines del siglo XII y principios del XVI.

En los países, como Francia e Inglaterra, donde la autoridad del Príncipe, aunque debilitada muchas veces, nunca fue destruida, no pudieron las ciudades declararse totalmente independientes con todo llegaron a adquirir tal consideración, que jamás se atrevió el Gobierno a imponerlas, sin su consentimiento, derecho alguno, más que el arrendamiento perpetuo, que tenían hecho con el Soberano. Entonces se las invitaba a enviar diputados a la Asamblea general de los Estados a reunirse con el clero y los Barones para conceder al Rey en las necesidades urgentes subsidios extraordinarios, valiéndose frecuentemente el Rey del afecto a su persona para contrabalancear la influencia de la nobleza en estas grandes asambleas.

Este es el origen de los Representantes de los pueblos en los Estados generales de todas las Monarquías de Europa.

De todo lo que acabamos de decir resulta, que paralelamente a que el habitante de los campos era víctima del robo y la violencia, se vio nacer el buen orden, y establecerse y fijarse en el recinto de las ciudades: los cultivadores, oprimidos y sin defensa, se contentaron naturalmente con lo necesario; pues adquiriendo más tentaban la codicia injusta de sus opresores. Se les promete que gozarán del fruto de su propia industria, y se les verá deseosos de mejorar su suerte, y aplicarse a adquirir, no solo las cosas necesarias para su subsistencia, sino también los objetos de luxo y comodidad. Así este género de industria, que se extiende a más de lo imprescindible, se manifestó en las ciudades mucho tiempo antes que se introdujese entre los labradores. Si el pobre agricultor, agobiado por la servidumbre, llegaba a juntar un mediano peculio, era natural que el infeliz lo ocultase con el mayor sigilo de la codicia de su señor, qué se hubiera apoderado de el y que para ponerse a cubierta de este insultó, se refugiase en la ciudad en la primera ocasión oportuna. En aquel tiempo era la ley tan suave y favorable para los ciudadanos que deseaban disminuir la autoridad que los señores ejercían en los lugares, que si el destino podía hacer inútiles durante un año las diligencias que hacia su amo para cogerle, quedaba libre para siempre. De aquí resultó que todos los fondos, acumulados por la mano industriosa del labrador, pasasen naturalmente a las ciudades, como al único sagrado que podía asegurarles lo que habían adquirido por su trabajo.

No hay duda que los habitantes de las ciudades obtienen de los campos su subsistencia, y los medios y materiales de su industria; pero también es cierto que una ciudad situada en la costa del mar, o a las orillas de algún río navegable, no siempre está reducida a recibirlo todo de las campiñas inmediatas: es mucho más vasto y extendido el campo que se presenta para atender a sus necesidades los extremos del mundo se hacen tributarios suyos, sea por el cambio directo del producto trabajado por su propia industria con sus producciones territoriales, o sea por el comercio de transporte con los países remotos, cuyos productos respectivos se cambian el uno por el otro: de lo cual se deduce, que una ciudad podría llegar al punto más alto de riqueza y esplendor sin que los campos vecinos, ni aun los países que comerciasen con ella, saliesen de su antigua miseria.

Este razonamiento lo refrenda el autor con una observación que merece destacarse.

Las ciudades de Italia, escribe, creo que fueron las primeras de Europa que llegaron por el comercio a un alto grado de riqueza. Italia estaba en los siglos de barbarie situada, por decirlo así, en el centro del mundo, y más cercana a aquellas partes que se hallaban menos alejadas de la civilización. Aunque las Cruzadas por la pérdida de hombres y de fondos causaron a la Europa grandísimo perjuicio, resultaron sin embargo muy favorables para la prosperidad algunas ciudades de Italia. Los grandes ejércitos que de todas partes enviaba Europa a la conquista de la Tierra santa, dieron mucho fomento a la marina de. Venecia, de Génova y de Pisa, que los abastecían de todo, y los transportaban en sus buques. Estas ciudades eran en cierto modo las comisionistas de las Cruzadas; y el proyecto más ruinoso que han tenido jamás las naciones de Europa fue para ellas el móvil principal de la riqueza.

La comunicación con las naciones ricas introdujo en Europa las obras perfeccionadas de su industria, y las del lujo costoso; y aprovechándose los comerciantes de las ciudades de estas circunstancias dieron un gran estímulo a la vanidad de los propietarios poderosos, que las compraban a porfía, y daban en cambio de los géneros de Asia gran cantidad de las producciones en bruto de las tierras de Europa, De esta manera el comercio de la mayor parte de los europeos se reducía casi todo al cambio de sus producciones naturales por los efectos de la industria de las naciones civilizadas.

El comercio extranjero introdujo la afición a las obras de las fábricas más perfectas en los países donde no se conocía este género de industria; pero cuando se extendió este gusto en términos que las deseaban por todas partes, los comerciantes, por ahorrarse los gastos del transporte, hicieron ensayos para introducir en su país algunas fábricas de la misma especie; y este es el origen de las primeras fábricas qué después de la caída del Imperio Romano parece se establecieron en las provincias occidentales de la Europa.

Estas son las causas principales que contra el orden natural de las cosas hicieron que la prosperidad de las ciudades se aventajase a la de los campos. Si los cultivadores hubieran sido hombres libres» no se hubiera invertido este orden, y los progresos de la agricultura se hubieran adelantado a los del comercio y fábricas; pero toda Europa se lamenta entonces bajo el yugo tirano de los feudos, que parece habían impuesto una esterilidad perpetua al terreno en que se habían establecido. Por funestas que fuesen sus consecuencias no podrían ser sino transitorias, pues tarde o temprano la naturaleza recobra siempre sus derechos.

Veamos ahora de que modo ha contribuido el comercio de las ciudades a la mejora y modernización de los campos.

Tres han sido los caminos por donde el aumento y riqueza de las ciudades de comercio contribuyeron al beneficio y cultivo del territorio de que dependían. En primer lugar impulsaron los progresos y perfección de la agricultura ofreciendo un pronto despacho, y proporcionando un mercado extenso a las producciones naturales del país. Esta ventaja no se limitó precisamente al territorio en que estaban situadas las ciudades, sino que se extendió más o menos a los diferentes países con quienes tenían alguna relación mercantil. En segundo lugar los vecinos de las ciudades empleaban las riquezas que habían adquirido en comprar las tierras que estaban de venta, la mayor parte de ellas sin cultivo: acostumbradas estas gentes a especulaciones pecuniarias, y a ganar sobre todo, debían aplicar este mismo espíritu al cultivo de las tierras, y como consecuencia a adelantarlas y mejorarlas. Además la costumbre del orden, la economía y la atención a que los negocios mercantiles sujetan por necesidad al comerciante, le hace más capaz de ejecutar con utilidad y buen éxito todos sus planes.

Por último el comercio y las fábricas introdujeron por grados el orden, el buen gobierno, y la libertad y seguridad de los individuos; beneficio precioso, que hasta entonces no habían conocido los habitadores de los campos, que estaban reducidos a una continua guerra con sus vecinos y a la servil dependencia de sus señores. Esta ventaja es la mayor que se debe al comercio y a la industria, aunque no se ha tenido muy en cuenta.

En un país sin comercio extranjero, y privado de buenas fábricas, es lógico que un propietario rico, que le falta la oportunidad de cambiar el producto sobrante de las tierras, después de haber aplicado lo necesario para su manutención y la de sus campesinos, consuma el resto viviendo en su casa con opulencia y riqueza, y que mantenga, no solo ciento, sino mil hombres, si el sobrante fuera bastante para ello. Tendrá siempre por consecuencia al rededor de sí una multitud de gentes que vivan a sus expensas, y que no pudiendo pagar sus beneficios de otro modo, lo hagan con una obediencia pasiva igual a la que tienen los soldados al Príncipe que los tienen a su sueldo.

Es difícil formar una idea de la hospitalidad que los grandes y ricos, desde el Soberano hasta el ultimo Barón, ejercían en Europa antes de extenderse el comercio y las fábricas. El salón de Westminster era la pieza de comer de Guillermo le-Roux, y todavía parece que no fuera bastante algunas veces para el numero de los invitados. Por poco no se le da a Tomas Becket la; denominación de magnífico por haber hecho esparcir juncos y paja fresca por todo el piso de su comedor, A fin de que los caballeros escuderos, que se veían precisados a comer en tierra, no echasen a perder sus vestidos. Algunos argumentan que el famoso Conde de Warwicloman tenía diariamente treinta mil personas. Aunque sea exageración, ella misma testimonia que el número era muy considerable. En las montañas de Escocia podrían haberse encontrado hace algunos años muchos, ejemplos de una hospitalidad semejante, la cual parece que es común y natural a todas las naciones que no se enriquecen por las fábricas y el comercio. El Doctor Pocok dice que vio a un jefe árabe comer en medio de la calle de una ciudad, adonde había ido a vender ganado, y que convidaba indistintamente a cuantos pasaban, inclusos los mendigos, a que se sentasen con él, y participasen de su banquete.

El comercio y las fábricas proporcionaron más tarde escalonadamente a los ricos y poderosos el medio de cambiar el producto sobrante de sus tierras por otros artículos que podían consumir por sí, sin que de ello participase su familia; y así luego que hallaron este medio invirtieron en sus personas el-valor de sus rentas, sin contar con los demás. Por un par de hebillas de diamantes, o por otra cosa no menos frívola que inútil, daban la manutención, o de otro modo el precio de la manutención anual de mil hombres, y la autoridad y esplendor que antes les resultaba de su subsistencia. Estas hebillas eran para ellos solos, sin que alma viviente pudiera tener en ellas parte alguna: este modo de pensar era bastante diferente del que hacia repartir sus placeres entre mil personas. En estos dos métodos de gastar, todos los que pudieron elegir se decidieron por el primero, y cambiaron toda su influencia y poder por la más pueril, sórdida y baja orgullo.

En un país sin comercio extranjero, ni fábricas de lujo y capricho, una persona que tenga diez mil libras esterlinas de renta apenas puede emplearlas en otra cosa que en mantener mil familias, que por necesidad han de depender de ella; en lugar que en el estado actual de la Europa puede gastar y gasta esta suma en hacer subsistir directamente veinte criados, que apenas merecen que se les mande. No tiene duda que contribuirá a la manutención indirecta de un número tan grande o mayor de individuos como con el antiguo método de gastar, pues aunque la cantidad de producciones preciosas por que cambia su renta sea de poca consideración, el numero de manos empleadas en recogerlas y prepararlas debe haber sido muy grande; de lo que se deduce que el alto precio de algunas de estas producciones deriva del salario que se da a los artistas que las trabajan. Así cuando el poderoso satisface el precio convenido, paga indirectamente estos jornales y ganancias, y contribuye a la subsistencia del empresario y del artesano: con todo, generalmente hablando, solo tiene una pequeña parte en la manutención de cada uno de estos individuos ; unos solo reciben de él una décima parte, otros una centésima; aquellos apenas le deben la milésima, y aun a veces ni la diez milésima parte de su manutención anual. De este modo, aunque contribuye a la de todos, todos están más o menos independientes de él, pues en general pueden subsistir sin sus auxilios.

Habiendo crecido el dispendio personal de los propietarios ricos, era necesario se disminuyese a proporción el número de sus criados: esto redujo igualmente el de los administradores y demás dependientes a los absolutamente necesarios. Suprimiendo las bocas inútiles, y exigiendo de los Prendadores todo el valor de su arriendo, consiguió el propietario un sobrante, o lo que es lo mismo, el precio de un sobrante de más consideración. Los comerciantes y artesanos le proporcionaban ocasiones de gastarlo, de la misma manera que había gastado su valor primero; y obrando siempre la misma causa, quiso aumentar sus rentas más de lo que las tierras producían, según su estado de cultivo, los arrendadores no podían convenir en ello, sino con la condición de que se les asegurase por mayor número de años la posesión de las tierras, para tener tiempo de recobrar lo que adelantasen, esperanzados de obligar a la tierra a que con ciertas mejoras aumentase sus productos.

Hechos los arrendadores independientes por este medio, y desprendidos los poderosos del numeroso séquito que tenían en otra época, no pudieron ya interrumpir el curso regular de la justicia, ni turbar la tranquilidad del territorio. Habiendo vendido su derecho de primogenitura, no como Esaú por un plato de lentejas en tiempo de hambre y necesidad, sino en medio de la abundancia por frioleras y bagatelas, más propias para servir de juguete a los niños, que para ocupar seriamente la atención de los mayores, llegaron a decaer tanto los poderosos de su antigua consideración, que no poseían más representación que la de un vecino acomodado, o un comerciante rico de una ciudad ; y como ya no había quien pudiera turbar de manera alguna las operaciones de la justicia, se estableció un gobierno regular en las ciudades y en las aldeas.

De este modo, Europa debe una de las revoluciones de mayor importancia a dos clases de individuos, cuya intención no era seguramente de hacer un bien a la sociedad, El único motivo que tuvieron los propietarios ricos fue satisfacer su pueril orgullo. Los comerciantes y artesanos, mucho menos reducidos que los otros, obraron por su propio interés conformándose con el principio de los tenderos, de ganar un cuarto siempre que se tuviera ocasión. Ningún individuo de estas dos clases pudo prever la grande revolución que causarían por grados la locura de los unos, y la industria de los otros. El comercio y las fábricas de las ciudades fueron por consiguiente en la mayor parte de la Europa la causa y no el efecto del beneficio y cultivo de los campos.

No obstante, como este orden es contrario al curso natural de las cosas, sus progresos fueron por necesidad tardos e inciertos. Compárese la lánguida marcha de los estados de Europa, cuya riqueza se debe en gran parte a la acción del comercio y de las fábricas, con la rapidez que hemos visto en la de las colonias septentrionales de la América, cuya completa riqueza ha nacido de su agricultura, y veremos que son necesarios a la mayor parte de los estados de Europa cinco siglos para doblar su población, al paso que en solos veinte o veinte y cinco años la doblan nuestras colonias. En Europa la ley de la primogenitura, y otras diferentes especies de perpetuidad, frenan la desmembración de las grandes posesiones, e impiden se aumente el número de los propietarios pequeños. No obstante uno de estos, que conoce cada parte de su mediano territorio, y que la mira con aquella afición que inspira naturalmente la propiedad, especialmente cuando es limitada, y que por esta razón no solo se divierte en cultivarla, sino también en embellecerla; este propietario, vuelvo a decir, es el cultivador más industrioso e inteligente, y cuyos trabajos se ven recompensados por el feliz éxito.

Libro IV: *De los sistemas de economía política*

Dos son los objetivos que la economía política se propone: el uno proporcionar al pueblo una subsistencia abundante; y el otro dar al estado o al Soberano renta suficiente para atender al servicio público.

Los diversos progresos que ha hecho la riqueza entre las naciones en diferentes épocas, han hecho naces dos sistemas de economía política sobre el modo de enriquecer un pueblo. Llamaremos a uno sistema de comercio, y a otro agricultura. El autor empieza tratando de los principios del sistema de comercio.

Como la plata tiene dos usos, 1º de servir de instrumento del comercio, 2º de medida de los valores, el pueblo ha creído consistía en el oro y la plata la riqueza.

Y así se supone generalmente que un individuo o un país rico poseen mucho dinero, y que el medio más rápido de enriquecer un Estado es acumular en él estos ricos metales. Las naciones de la Europa, engañadas por estas ideas populares, han procurado cada una por su parte, aunque con poca reflexión, acumular y atraerse todo el oro y la plata que han podido. España y Portugal, dueños de las minas principales que lo proporcionan a la Europa, han prohibido la extracción bajo las penas más severas, o a lo menos la han sujetado a un derecho considerable: esta prohibición es parte de la política de casi todas las demás naciones europeas.

El autor combate la preocupación de que un pueblo es más o menos rico en razón de la mayor o menor cantidad de oro o plata que puede juntar; y prueba además lo inútiles que son los medios que se han tomado para acumular el sobrante de esta riqueza aparente, que por más que se haga huye siempre a los lugares donde la llama su destino representativo.

Si tenemos patente el principio establecido ya por el autor, de que el dinero no es la causa sino el efecto de la riqueza nacional, conoceremos claramente que solo una falsa política puede haber hecho creer hasta nuestros días, que el medio más fácil de enriquecer una nación es hacer converger hacia ella mucho dinero, pues el numerario no puede fijarse sino en aquel grado de riqueza intrínseca que tuviese ya la nación: de aquí nace la poca eficacia de las medidas que ha tomado la mayor parte de los Gobiernos para mantener la balanza del comercio, o para facilitar la extracción a expensas de la importación : de estos cuidados negativos, según el autor, podrían libertarse; porque, como él dice, un país que tenga bastante riqueza para comprar vino, tendrá todo el que necesite; y del mismo modo si tiene con que comprar el oro y la plata, no faltarán nunca estos metales, los cuales tienen un cierto precio como las demás mercancías; y así como los metales son el precio de ellas, también las mercancías por su parte son el precio de los metales. Nadie duda que la libertad sola del comercio, sin ningún cuidado de parte del Gobierno, proporcionará siempre el vino necesario. ¿Pues qué razón existe para que no esperemos con la misma seguridad todo el oro y la plata que pudiésemos necesitar?

El oro y la plata que desde el descubrimiento de América se ha introducido en Europa, no la han enriquecido. Su mayor ventaja consiste en que como todas las mercancías de la Europa han hallado en el otro hemisferio un nuevo e inagotable mercado, ha sido necesario que el trabajo se subdividiese en riqueza, y que las artes se extendiesen mucho más, lo que nunca hubiera ocurrido en el círculo estrecho a que estaba reducido el antiguo comercio por falta de un mercado capaz de recibir la mayor parte del producto de este trabajo y de estas artes. Casi todas las mercancías de la Europa eran nuevas para la América, como la mayor parte de las de América lo eran para la Europa, de lo que derivó el establecimiento de un nuevo orden de cambios, que no se pudieron prever, y que lógicamente debía ser tan ventajoso para el nuevo mundo como para el antiguo.

Establecidos ya erróneamente los dos principios de que la riqueza consistía en el oro y la plata, y que un país que no tiene minas no podía lograr estos metales sino por la balanza del comercio, esto es, por una extracción de efectos mucho mayor que la importación, debió ser el primer objeto de la economía política disminuir en lo posible la introducción de las mercancías extranjeras destinadas al consumo interior, y aumentar el producto de la industria nacional; y así vemos que los dos grandes instrumentos de que se han valido para enriquecer un país han sido limitar la introducción, y favorecer la exportación.

Para reducir y minorar la introducción se han válido de restricciones en la entrada de aquellas mercancías extranjeras de cualquiera parte que fuesen que él país; podía producir, y de varias trabas sobre la importación de casi toda especie de efectos que viniesen de donde se-suponía que era perjudicial la balanza del comercio, las cuales trabas han consistido por lo general en derechos inauditos o prohibiciones absolutas;

La extracción se ha favorecido rebajando derechos, concediendo gratificaciones, concluyendo tratados ventajosos de comercio, e incluso alguna vez fundando colonias en países lejanos.

La rebaja de derechos se ha formulado en dos ocasiones diferentes: si las manufacturas de un país se hallaban gravadas con algún derecho, quitaban el todo o una parte de él al tiempo de la extracción, y la misma rebaja se hacia cuando las mercancías extranjeras, sujetas también a algún derecho, se introducían en el país para volver a salir por la exportación.

Se concedieron gratificaciones para fomentar algunas fábricas, o cualquiera especie de industria que se juzgaba digna de particular protección.

Se firmaron tratados ventajosos de comercio con los países extranjeros, para dar a las mercancías de estos países algunos privilegios que les proporcionasen la ventaja que no lograban las otras naciones.

Y por último se fundaron colonias en los países remotos para proporcionar, no solo un privilegio particular, sino a veces un monopolio a los comerciantes que las establecían, y a los efectos que estos hacían circular en su comercio.

Estas dos clases de grillos con que encadenaron la introducción, y las cuatro especies de auxilios con que favorecieron la extracción, constituyen los seis medios o agentes principales que el sistema mercantil pone en práctica para aumentar en un país el oro y la plata, haciendo inclinar a su favor la balanza del comercio.

El autor examina cada uno de estos seis medios en un capítulo separado, y se esmera en manifestar su influencia sobre el producto anual de la industria nacional, a cuya investigación empieza por el examen de los obstáculos que perjudican d la introducción de las mercancías extranjeras de la misma especie que las nacionales.

Reducir o limitar, manifiesta, la introducción de las mercancías extranjeras de la misma especie que las que produce el país con derechos exorbitantes o con prohibiciones absolutas, es asegurar más o menos a la industria doméstica, ocupada en producirlas, y renovarlas el monopolio del mercado nacional.

No se puede dudar que este monopolio interior es un gran fomento para el ramo de industria que le disfrute, y que puede dirigir hacia este objeto el trabajo y los fondos de la sociedad en mucha mayor cantidad que la que se destinaría regularmente a él sin este monopolio; pero no parece tan seguro que pueda aumentar la industria general de la sociedad, o darle una dirección más ventajosa.

¿No es cierto que cada particular, considerado en su situación individual, sabrá juzgar mejor que el estadista o el legislador la clase de industria que ofrece la probabilidad de mayores ganancias a su capital?

Conceder al producto de la industria doméstica la venta exclusiva en el mercado interior, es querer en incierto modo dirigir a los particulares, en la utilización de sus fondos, lo que casi siempre resulta inútil o perjudicial.

Cuando un país extranjero puede surtirnos de un género a precio más barato que lo podemos hacer nosotros, no tiene más cuenta comprarlo a aquel país con una parte del producto de acuella industria propia en que le llevamos ventaja.

Con estufas, invernáculos y campanas de vidrio pueden hacerse nacer en Escocia exquisitas uvas que produzcan un vino excelente; pero que costaría treinta veces más de lo que se paga al extranjero por el de la misma calidad. Podría llamarse juicioso el legislador que para que en Escocia se hiciera el vino de Burdeos y Borgoña prohibiese la introducción de todos los vinos extranjeros? Pues si seria un absurdo palpable distraer a otro el objeto capital y la industria de un país en una cantidad treinta veces mayor que la precisa para comprar del extranjero la misma cantidad de efectos que se necesitase, ¿el absurdo aunque menor no seria de la misma especie, aun cuando se quisiese aplicar solo este ramo una trigentésima o una trecentésima parte del capital y de la industria? En este punto importa muy poco que la ventaja de un país a otro sea natural o adquirida : mientras el uno posea los efectos y el otro tos necesite, siempre tendrá al último más cuenta comprárselos que fabricarlos. La ventaja que un artesano tiene a otro es puramente adquirida, y sin embargo ambos prefieren comprar uno a otro más bien que hacer por sí mismos lo que no es de su oficio particular.

De todos modos el autor que hay circunstancias en que seria útil para el fomentó de la industria doméstica imponer algunas trabas a la extranjera, principalmente cuando cierta especie de industria es necesaria para la seguridad del país, pues en este caso hasta la opulencia debe ceder a este objeto.

El segundo caso en que es generalmente ventajoso imponer, derechos sobre la industria extranjera es cuando 3a de la misma clase del país está sujeta a alguna imposición; porque no se favorece el monopolio interior, respecto a que esta igualdad es del todo necesaria para sostener la competencia.

Si ocurren otras circunstancias en que se gravan las importaciones, es solo por utilizar la represalia con otras naciones, las cuales si pudieran persuadirse a que seria útil a todas en general establecer una libertad ilimitada, desaparecerían luego estos obstáculos, que aniquilan el comercio, y causan tan grandes males a los progresos de la industria y de la prosperidad nacional.

Pasa acto seguido el autor a analizar los obstáculos extraordinarios puestos de la introducción de las mercancías de toda especie, procedentes de los países con quienes se supone contraria la balanza del comercio.

Las trabas que incomodan la introducción de los géneros extranjeros de la misma especie que los nacionales son, como acabamos de ver, consecuencia del interés particular y del espíritu de monopolio : los que tienen por objeto proporcionar las ventajas de la pretendida balanza del comercio, son regularmente fruto de la preocupación y rivalidad nacional. Esta es la causa por que en Inglaterra se han impuesto mayores derechos sobre los vinos de Francia que sobre los de Portugal, y que pueden introducirse las telas de Alemania pagando ciertos derechos, al paso que las de Francia se hallan absolutamente prohibidas.

En primer lugar, aun cuando fuese cierto que en caso de establecerse el comercio libre entre Francia y Inglaterra fuese la balanza favorable para aquella, no por eso se infiere que este comercio hubiese de perjudicar a la Inglaterra. Si los vinos de Francia son mejores y más baratos que los de Portugal, y sus lienzos tienen las mismas ventajas sobre los de Alemania, seria mucho más útil para la Gran Bretaña comprar de Francia los artículos de esta clase que la hagan falta, que comprar los de Alemania y Portugal. Así aunque el valor de las introducciones anuales de efectos franceses se aumentase muchísimo, se disminuiría el total de las Importaciones con proporción a la baja que se lograría en el precio de las mercancías de Francia sobre las de los otros dos países. Estas serian las consecuencias de la libertad, en la suposición de que todos los géneros franceses hubiesen de tener su consumo en Inglaterra.

Pero una gran parte de ellos se podría volver a llevar a otros países, en los que vendidos con ganancia proporcionasen quizás una vuelta de igual valor al coste primitivo de todos los géneros introducidos de Francia. En este caso podría manifestarse del comercio de Francia lo que se dice del de la India, que aunque la mayor parte de los efectos de aquellas regiones no se compran con otra cosa que con plata y oro, su reexportación a otros países hace que vuelvan a entrar en los que hacen este tráfico más oro y plata que costó su primera compra. Uno de los ramos principales del comercio de los holandeses en el día consiste en el transporte de los efectos de Francia a los demás estados de Europa» Mucha parte del vino de Francia, que se bebe en Inglaterra, se introduce clandestinamente por las provincias de Holanda y Zelanda. Si existiera una comunicación libre y abierta entre Francia e Inglaterra, o si los géneros franceses pudieran introducirse en Gran Bretaña pagando los mismos derechos que los de las demás naciones de Europa, y devolviéndolos al tiempo de su extracción, participaría Inglaterra de las ventajas de este comercio que están haciendo los holandeses.

Por último, no hay instrumento o medio seguro para conocer de qué parte se inclina la balanza del comercio entre dos países que poseen relación recíproca de comercio, porque el odio y enemistad nacional, estimulados por el interés particular de los comerciantes, han dirigido casi siempre nuestro modo de pensar en este asunto. Sin embargo, dos puntos han sido como las piedras de toque cuando se han querido hacer estas investigaciones, las aduanas, y el curso de los cambios. Por lo que respecta a las aduanas todo el mundo sabe que se puede contar muy poco con sus relaciones, por el descuido y falta de exactitud en la forma de evaluar las mercancías; en el curso de los cambios casi ocurre lo mismo.

Cuando el cambio entre dos plazas, como Londres y París, está a la par, se mira como señal de que las deudas de Londres a París se compensan con las de París a Londres. Al contrario, cuando se paga un cierto premio por una letra sobre París, se supone que las deudas de Londres a París no quedan cubiertas con las de París a Londres, pues es necesario saldar la balanza con dinero, cuyo acarreo, gastos y riesgos de transporte son la causa del premio que se da. Manifiestan a todo esto que el estado regular de deuda o crédito entre estas dos plazas debe calcularse por el curso ordinario de sus relaciones mercantiles. Cuando la una no introduce en la otra mayor valor en efectos que el que saca de ella, se equilibran por necesidad sus deudas y créditos respectivos; pero cuando la una saca de la otra una cantidad mayor de la que envía, queda en deuda y descubierto de esta diferencia, y sus deudas y créditos recíprocos no se compensan, y así es preciso que la plaza deudora pague a la otra en dinero la suma en que queda alcanzada. Así pues, siendo el curso de los cambios un indicio del estado regular de deuda entre dos plazas, debe hacernos ver igualmente el estado de las importaciones y exportaciones que hay entre ellas.

Aún cuando declaremos que el curso regular del cambio fuera; bastante para manifestar los créditos o deudas entre dos plazas, no se deduciría por eso que la balanza del comercio fuese favorable para aquella que tuviese de su parte la ventaja del cambio, porque no siempre se regulan los créditos y deudas por el comercio regular de una plaza con otra ; pues algunas veces padecen grande alteración por las conexiones con otras ciudades de comercio. Por ejemplo, los comerciantes ingleses pagan comúnmente los efectos que compran en Hamburgo, Danzing y Riga con letras de cambio sobre Holanda, y no puede calcularse el estado regular de deuda y crédito entre Holanda e Inglaterra por el comercio regular de estos dos países, porque las conexiones de la Gran Bretaña con otras plazas causan por necesidad una gran alteración. Inglaterra se verá precisada a enviar anualmente dinero a Holanda, aunque los géneros que introduzcan en aquella República sean de mucho más valor que los que saca de ella, y aunque en la realidad esté a su favor lo que se llama la balanza del comercio.

Del modo que se ha seguido el cambio hasta aquí, su curso ordinario no es suficiente para revelar que el estado regular de las deudas y créditos es realmente ventajoso al que parece que tiene el cambio a su favor, Cuando por una cantidad de dinero pagada en Inglaterra, y que según la ley de la casa de la moneda inglesa contiene un cierto numero de onzas de plata pura, se recibe una letra de cambio pagadera en Francia, y que según la ley de la casa de la moneda de Francia contiene un número igual de onzas de plata pura, se manifiesta que el cambio, está a la par entre Francia e Inglaterra. Si uno paga más, se supone que da un cierto premio, y que el cambio es favorable a la Francia, y contrario a la Inglaterra: si al contrarío paga menos, se supone que uno logra cierta ventaja, y que cambio es favorable a la Inglaterra, contrario a la. Francia.

Pero no podemos ni debemos juzgar del valor de la moneda corriente de diferentes países por la ley de sus respectivas casas de moneda, pues en algunos está más cortada, gastada y rebajada de su ley primitiva que en otros; y así el valor de la moneda corriente de un estado, comparada con la de otro, no está en la porción de plata pura, que se supone ha de tener, sino en la que tiene en realidad. Antes de formarse el cuño de plata en tiempo del Rey Guillermo, el cambio entre Holanda e Inglaterra, calculado del modo que se acostumbra, esto es, según la ley de sus respectivas casas de moneda, era desfavorable a Inglaterra en un veinte y cinco por ciento; pero el valor de la moneda corriente de la Gran Bretaña en aquel tiempo era, según nos dice Mr. Lowndes, inferior en mucho más de Veinte y cinco por ciento a la ley que debía tener. De que resulta que el cambio verdadero podía ser favorable a Inglaterra, aunque aparentemente era tan contrario. Con un número más pequeño de onzas de plata pura pagadas anualmente en Inglaterra se puede comprar una letra pagadera en Holanda de un número mayor de onzas de plata pura, y conseguir el premio o beneficio al que inexcusablemente parece que había de perderlo. La moneda francesa, antes de hacerse la última reforma en el oro acuñado en Inglaterra, era mucho menos gastada que la británica, y se acercaba en más de dos o tres por ciento a su ley o valor primitivo. Si el cambio aparente era solo contrario a Inglaterra en dos o tres por ciento y podía suceder que el verdadero le fuese favorable. Luego que se estableció el nuevo cuño el cambio ha sido constantemente favorable a Inglaterra, y contrario a la Francia.

Hay países en que el Gobierno paga los gastos del cuño, y hay otros en donde se realiza a costa de los particulares, que llevan las pastas a la casa de la moneda. En Inglaterra lo paga el Gobierno, y por una libra de plata de ley, dan sesenta y dos chelines, que componen una libra de plata de la misma ley. En Francia cobran un derecho de ocho por ciento por gastos de cuño, con lo que no solo se ejecuta esta operación, sino que el sobrante constituye una renta considerable. Como en Inglaterra no se paga cosa alguna por el cuño, la moneda corriente no puede tener más valor que el de la pasta que contiene. Al contrario, pagándose en Francia la hechura, añade cierto valor a la moneda, como sucede con la plata labrada: por lo mismo en Francia una suma de un peso determinado de plata pura vale más que una suma de igual peso y calidad en moneda inglesa, y se necesita más pasta o más efectos para comprarla; y así aunque la moneda corriente de los dos países se acerque igualmente a la ley primitiva de sus casas de moneda con una cantidad de moneda inglesa no podrá comprarse una de la francesa que contenga igual número de onzas de plata pura, y por consiguiente ni una letra de la misma suma sobre Francia. Si por esta letra no se añadiese más dinero que el necesario para compensar los gastos del cuño de Francia, el cambio verdadero podría estar a la par entre las dos naciones, y cubrirse igualmente sus créditos y deudas, aunque el cambio aparente como muy favorable para Francia.

Añádase a lo explicado que en algunas plazas, como Ámsterdam, Hamburgo, Venecia etc., suelen pagar las letras de cambio en lo que llaman moneda de Banco, y que en otras, como Londres, Liorna, etc., se satisfacen en la corriente: la moneda de Banco es siempre de más valor que está: por ejemplo, mil florines del Banco de Ámsterdam, como hemos dicho, valen más que mil florines efectivos del cuño del país i y la diferencia que hay es lo que se llama agio. Suponiendo que la moneda corriente de los dos países se acerque igualmente a la ley de sus respectivas casas de moneda, y que el uno pague sus letras en moneda corriente, y el otro en la de Banco, el cambio aparente puede estar a favor del que pague con moneda de Banco, aunque el verdadero sea favorable al otro, por la misma razón de que el cambio aparente puede estar a favor del que paga mejor moneda, aunque en realidad la ventaja sea del que paga en la peor. El cambio aparente antes de la última alteración en el cuño del oro era generalmente contrarió para el de Londres con Ámsterdam, Hamburgo y Venecia, y a lo que creo con todas las plazas que pagan en moneda de Banco: con todo, no por eso debemos suponer que el cambio verdadero fuese contrario a la Gran Bretaña.

De este modo demuestra el autor la falsedad de las razones alegadas a favor de la balanza del comercio. No hay cosa más absurda, repite, que esta doctrina de la balanza del comercio sobre que están fundados no solo todos los reglamentos hechos para sujetarlo, sino incluso aquellos que tienen por objeto dirigirlo. Esta doctrina supone que cuando dos plazas comercian entre sí, si la balanza es igual, ninguna pierde ni gana; pero que por poco que se incline hacia un lado, la una pierde, y gana la otra a proporción de la falta del equilibrio.

Los dos supuestos son falsos, porque un comercio que se sostiene a fuerza de gratificaciones y monopolios, es por lo regular poco positivo al país en que se ha querido establecer; pero el que se hace naturalmente sin esfuerzo ni limitación entre dos ciudades, es siempre positivo para las dos, aunque a veces no tanto a una como a otra.

No concebimos aquí por ventaja o ganancia la cantidad de plata u oro, sino la del valor cambiable del producto anual de las tierras y del trabajo del país, o el aumento de la renta anual de sus habitantes.

Casi todas las naciones están persuadidas a que su interés es empobrecer los pueblos vecinos, y observan con envidia la prosperidad de las naciones rivales. El comercio, que entre ellas como entre los particulares debe ser un vínculo de unión y amistad, ha venido a convertirse en la fuente de la rivalidad y la discordia. La ambición y capricho de los Reyes y de los Ministros no ha sido más perverso a la tranquilidad de la Europa, que los celos imprudentes de los comerciantes y fabricantes. Así como los que en un gremio han recibido patente de maestros están interesados en impedir que el resto de los habitantes utilice de otros artesanos, del mismo modo los comerciantes y fabricantes de cada país pretenden asegurar el monopolio del mercado interior. De aquí nacen en Inglaterra y en la mayor parte de Europa los impuestos extraordinarios sobre casi todas las mercancías introducidas por comerciantes extranjeros: de aquí los derechos exorbitantes y las prohibiciones de los géneros extranjeros que pueden entrar en concurrencia con los nuestros; y de aquí las trabas y obstáculos extraordinarios impuestos sobre casi todas las mercancías de los países, que son objeto de la más violenta malquerencia nacional.

Sin embargo, la riqueza de una nación vecina es sin duda ventajosa en el comercio, porque así puede hacer con nosotros mayores cambios, y ofrecernos un mercado más extenso para el producto inmediato de nuestra propia industria, o para lo que compramos con él. Los particulares que quieren hacer fortuna nunca piensan retirarse a las provincias pobres y remotas, antes bien se van a la capital, o a alguna de las ciudades grandes de comercio, porque saben que donde circulan las riquezas les será más fácil conseguir alguna parte que dónde no las hay. Estas máximas, que mueven la conducta de uno, de diez o de veinte individuos, deberían también arreglar la de diez o veinte millones, y hacer que toda una nación considerase las riquezas de sus vecinos como causa y ocasión probable de adquirirlas ella también pues la nación que quiere enriquecerse por el comercio extranjero tiene mayor probabilidad de conseguirlo cuando se ve rodeada de naciones ricas, industriosas y comerciantes. Un estado grande, rodeado de pueblos salvajes pobres y sin industria, podría ciertamente adquirir riquezas por el cultivo de sus tierras y su comercio interior, pero de ningún modo por el comercio extranjero. Como nuestros principios modernos sobre esta última clase de comercio son de tirar siempre al abatimiento y pobreza de nuestros vecinos, y de ejecutarlo así en cuanto penda de nosotros, hacemos por necesidad este comercio despreciable y de poca importancia.

No hay probablemente nación en Europa cuya próxima ruina no hayan vaticinado los promotores de este sistema, fundándose en el desnivel de la balanza del comercio; pero sin embargo de las inquietudes que han espoleado, y de los esfuerzos vanos de las naciones comerciantes para hacer que esta balanza les sea tan favorable como contraria a sus vecinos, no parece se le puede atribuir todavía la pobreza de ninguna nación europea. Por el contrario todas las ciudades y países, en lugar de arruinarse con el comercio libre, se han enriquecido, y se han puesto florecientes a proporción de la mayor facilidad que han tenido las otras naciones de entrar en sus puertos, y de comerciar con ella libremente.

Es cierto que existe otra balanza, de que ya hemos hablado muy diferente de la del comercio, la cual, a proporción que es favorable o contraria, causa por necesidad la riqueza o decadencia de la nación: esta balanza es la del producto y consumo anual. Si el producto crece, el capital de la nación aumenta con este sobrante, que viene a ser otra nueva fuente de producto. Si al contrario el consumo fuese mayor que el producto, el capital de la nación disminuye, porque se ve obligada a tomar del capital lo que antes sacaba de su renta: entonces puede decirse que se retrasa, y que camina irremisiblemente a su ruina; pero es fácil conocer que esta balanza es muy diferente de la del comercio, y que la pérdida de esta no supone siempre la de la otra.

El autor examina en los capítulos siguientes el impacto de la rebaja de los derechos y de las gratificaciones concedidas a la extracción. Se empeña sobre todo en manifestar su influencia en el comercio de los granos, y prueba que este comercio debe ser libre como todos los demás, esto es, que no necesita ni trabas ni ayudas.

Muchos han creído que la gratificación concedida a la extracción de los granos espoleaba la agricultura, asegurando al labrador un precio mayor del que conseguiría sin estas proporciones para la extracción: esto podría ser cierto si el efecto de la gratificación fuese levantar el precio real, o pusiese al labrador en estado de mantener mayor número de criados o dependientes con una misma cantidad de trigo; pero es palpable que no puede conseguirse semejante efecto ni por la gratificación ni por ninguna otra institución humana; así pues la gratificación no puede influir en el precio real, sino puramente en el nominal de los granos.

El auténtico efecto de la gratificación no es tanto elevar el precio real de los granos, como devaluar el dinero, o hacer que una misma cantidad de dinero se cambie por una cantidad más pequeña, no solo de granos, sino de cualquiera otra mercancía, porque el precio del trigo en dinero arregla el de todos los demás efectos. Pero, aun cuando por la gratificación se hallase el labrador en disposición de vender su trigo a cuatro chelines la medida, en lugar de tres chelines y seis peniques, y de pagar a su amo una renta en dinero proporcionada a este aumento del precio pecuniario de su producto, si por una consecuencia de este aumento hasta cuatro chelines en precio del trigo a cuatro chelines no puede comprar las mercancías de otra especie que compraba antes con tres chelines y seis peniques, los bienes del arrendador y del amo no reciben aumento alguno, porque el arrendador no tendrá más medios con que cultivar la tierra, ni el amo mayores facilidades para vivir con más comodidad y lujo.

Si todas las naciones siguieran el sistema generoso de una introducción y exportación libres los diferentes estados de un gran continente serian semejantes a las provincias de un gran imperio: la razón y la experiencia prueban que la libertad de comercio interior es en estas, no solo la mejor defensa contra la escasez, sino el remedio más eficaz para evitar el hambre y la penuria. Lo mismo ocurriría a los estados de un continente dilatado: cuanto más extendidas y fáciles fuesen las comunicaciones así por agua como por tierra entre sus diferentes partes, menos expuestas estarían a semejantes azotes y porque la escasez de una probablemente socorrería la abundancia de la otra; pero casi en todas partes el comercio de los granos está sujeto a más o menos restricciones, y en muchos países está limitado por reglamentos tan absurdos, que empeoran el mal en términos que una simple escasez viene a parar en una hambre imparable, hallándose en necesidades tan urgentes, que un estado pequeño situado en sus cercanías no puede surtirles de granos sin exponerse el mismo al más terrible azote. De este modo la mala política de un país puede hacer que sea peligroso e imprudente para otra nación establecer un método, que sin este motivo hubiera sido el mejor.

Con todo la libertad sin límite de la extracción no será nunca muy peligrosa para los estados grandes, en que el producto de los granos, siendo de mucha más consideración la cantidad destinada para extraer, no puede hacer falta para atender a las necesidades del país. En algún cantón de Suiza, o en algún otro estado pequeño de Italia seria quizás necesario limitar la extracción de los granos» pero apenas puede ocurrir caso en que deban tomarse semejantes precauciones en unos países como Francia o Inglaterra. Prescindiendo de todo esto, impedir al arrendador que envíe en cualquiera época que sea sus frutos al mercado más ventajoso, es sacrificar evidentemente las leyes ordinarias de la justicia a la idea de la utilidad pública, y a una especie de razón de estado : es un acto de autoridad legislativa de que debemos abstenernos, y que no puede perdonarse sino cuando lo manda la más dura y extremada necesidad y esto es, cuando el i precio de los granos llegue a ser exorbitante para impedir su extracción, si es que pueda haber caso en que deba prohibirse.

La causa de que haya tan pocas leyes bien fundadas acerca de los granos consiste tal vez en que como la subsistencia es el primer interés de los pueblos, se ven precisados los Gobiernos a conformarse con sus preocupaciones, y a establecer los sistemas que se; apoyan en la opinión pública.

Por lo expuesto nos podemos dar cuenta fácilmente que el autor no es muy afecto a los tratados de comercio. Cuando una nación, dice, se condena a sí misma por un tratado a no recibir ciertas mercancías sino de un país, o cuando liberta estos mismos géneros de los derechos a que están sujetos los de otras naciones, el país favorecido, a lo menos sus comerciantes y fabricantes, deben sacar una gran ventaja del tratado, pues al fin se las concede una especie de monopolio. La nación en cuyo país lo ejercen viene a ser para ellos un mercado mayor y más ventajoso; mayor porque estando excluidas las mercancías de las otras naciones, o sujetas a grandes derechos, debe ser enorme el consumo de las suyas; más ventajoso porque la falta de competencia les deja el arbitrio de vender más caros los géneros de lo que los venderían sin este monopolio.

Aunque semejantes tratados puedan ser ventajosos a los mercaderes y fabricantes del país favorecido, son por necesidad perjudiciales a los del país favorecedor; porque sujetándolos al monopolio de una nación extranjera, los obliga a comprar mucho más caras las mercancías, que hubieran podido conseguir a un precio mus equitativo, si hubiera la libertad de concurrencia entre los vendedores. Resulta de aquí, que el país que otorga este privilegio se ve en la necesidad de vender más barata la parte de su producto destinada a la compra de efectos extranjeros; porque en el cambio de dos cosas, lo barato de la una es una consecuencia necesaria, o por mejor decir se identifica con lo caro de la otra. Cada tratado de esta especie produce una diminución real del valor cambiable del producto anual de la nación.

Por principios muy distintos de los que acabamos de señalar han supuesto algunos que era a veces ventajoso a un país comerciante conceder esta especie de monopolio a una nación extranjera, con la esperanza de venderla más de lo que se la compra, y sacar de ella por consecuencia mayor cantidad de oro y plata: en esto se funda el tratado hecho en 1703 entre Inglaterra y Portugal. El autor menciona este tratado para comprobar su afirmación, y manifiesta muy pormenorizadas todas sus consecuencias. Habla después de las colonias, y divide este artículo en dos partes; en la primera examina las razones piara establecer nuevas colonias, y en la segunda las causas de su prosperidad.

Las causas del establecimiento de las primeras colonias europeas en América y en las Indias Orientales parece que no fueron tan fundadas como las que tuvieron los griegos y romanos en el establecimiento de las suyas.

Cada estado de la antigua Grecia estaba reducido a un territorio pequeño; y cuando se multiplicaba la gente en términos de no poder el país mantener con comodidad sus habitantes, enviaban una porción a que se estableciese lejos, porque las naciones belicosas, que les rodeaban por todas partes, no les permitían que se extendieran en demasía en los países vecinos.

La metrópoli miraba su colonia como un hijo emancipado, a quien debía proteger y socorrer en todo tiempo, pero sin pretender ninguna autoridad sobre él.

La colonia constituía su gobierno y sus leyes; nombraba magistrados, y hacia la paz, o declaraba la guerra a sus vecinos como un estado independiente, que no necesita ni la aprobación ni el consentimiento de su metrópoli.

Las naciones modernas no han tenido ni los mismos motivos ni los mismos principios en el establecimiento de sus colonias. El oro y la plata fueron los atractivos poderosos que impulsaron a fijar en las costas americanas a los descubridores y conquistadores europeos. Sin embargo, de todas las empresas costosas e inciertas que pierden a la mayor parte de los que las intentan, ninguna quizás hay tan ruinosa como la de buscar minas de oro y plata. Es la lotería menos ventajosa de cuantas se han inventado pero aunque la razón y la experiencia casi nunca han sido favorables a semejantes proyectos, no han dejado por eso de seducir la codicia humana. La misma pasión que ha sugerido a tantos la idea de la piedra filosofal ha deslumbrado a otros con la esperanza de descubrir ricas minas de oro y plata, sin pensar que en todos tiempos y entre todas las naciones la escasez de estos metales ha sido la causa de su valor; y que esta escasez proviene, ya de la poca cantidad que la naturaleza ha depositado en ciertos parajes, ya de las substancias duras y poco manejables a que se hallan unidas, y por consecuencia del gasto y trabajo necesarios para arrancarlos de las entrañas de la tierra. Con todo, se han alabado de que encontrarían en muchos parajes vetas de oro y plata tan extendidas y abundantes como suelen hallarse en otras partes las de plomo, cobre, estaño o hierro.

Sin embargo, en el tiempo del descubrimiento y conquista de México y del Perú la fortuna realizó hasta cierto punto las locas esperanzas de sus adoradores, ofreciéndoles alguna cosa que se asemejaba a la profusión del oro y de la plata que buscaban. Este suceso artazo al nuevo mundo muchos aventureros de diversas naciones que quisieron imitar a los españoles, pero no con el mismo éxito, aunque no por eso dejaron de hacer establecimientos y colonias.

Entre todas las sociedades humanas ninguna adelanta con tanta rapidez en su riqueza y extensión como la colonia de un país civilizado, que toma posesión en un terreno desierto o poco habitado, cuyos naturales se entregan a las labores del campo sin dificultad.

Los colonos llevan consigo, además del hábito de la subordinación, un conocimiento de la agricultura y de las artes superior al que las naciones bárbaras y salvajes han adquirido en el curso de muchos siglos. A está ventaja debe añadirse la de que cada colono tiene más tierras de las que puede cultivar, y que no paga renta ni casi contribución alguna: tampoco tiene amo o principal a quien dar parte de su producto, y lo que exige el Soberano es regularmente una friolera. Como este producto es casi todo suyo, se anima a acrecentado; pero la extensión de su terreno es regularmente tan enorme, que con toda su industria, y la de la gente que emplea en su cultivo, rara vez saca el diezmo de lo que podría producir, y por lo mismo desea con ansia reclutar de todas partes trabajadores que le ayuden, aunque sea pagándoles espléndidamente. Un buen jornal, y la cantidad y buen precio de las tierras, ponen a estos trabajadores en estado de dejar a sus amos, y hacerse ellos mismos propietarios: la recompensa liberal del trabajo promueve los matrimonios: los niños bien mantenidos y cuidados en su edad tierna pagan después con su trabajo mucho más de lo que ha costado su manutención, y llegando después a una edad madura se establecen como lo habían hecho sus padres, lo cual les es muy fácil por el alto precio que se da al trabajo, y lo barato de las tierras. Todas estas causas, que favorecen la población y el cultivo, producen las verdaderas riquezas de un país.

Realiza aquí nuestro autor una explicación muy extensa sobre las colonias antiguas y modernas. La erudición es adecuada, y en toda ella se encuentra el mismo espíritu filosófico que impera en toda la obra. Por lo mismo era difícil que una personalidad como la del autor fuese el apologista de la esclavitud; y si no manifiesta con indignación su parecer contra esta institución inhumana, la combate con consideraciones dirigidas al interés personal, que son las más poderosas para los espíritus que no conocen otras. Echa en cara a los Ingleses el que traten a sus esclavos con más crueldad que nosotros, y atribuye esta diversidad característica a la diferencia de gobiernos. En todas las colonias europeas, dice el autor, se ocupan los esclavos negros en el cultivo de las tierras, porque supone que el temperamento de los que han nacido en los climas templados de Europa no puede resistir este trabajo debido al calor excesivo de las Indias Occidentales. Este cultivo, que según la opinión de muchos seria más ventajoso si se ejecutase con el arado, se ha hecho hasta ahora con el azadón: y así como la utilidad y buen éxito de la labor que se hace con ganado depende mucho del modo de comportarse con él, ocurre casi lo mismo con el trabajo de los esclavos, en cuyo trato y arreglo siempre se han considerado los colonos franceses como superiores.

No hay la menor duda que el trato humano hace al esclavo no solo más fiel, sino más inteligente y más útil. Su condición está más cerca de la de un criado libre, y hasta un cierto punto puede tener honradez e inclinación a su amo: estas virtudes se encuentran frecuentemente entre los que ya son libres, y rara vez en los esclavos cuando se les trata con inhumanidad y tiranía.

La política europea no tiene mucho de que envanecerse en sus establecimientos, aunque algunos se propusieron motivos más juiciosos y fundados que el de buscar el oro y la plata: Los Puritanos ingleses, perseguidos en su país, fueron a buscar la libertad a América, y establecieron los cuatro gobiernos de la Nueva Inglaterra. Los Católicos ingleses, tratados con la misma injusticia, se establecieron el Mariland; los Quakaros el de la Pensilvania; y los Judíos portugueses, desterrados al Brasil, establecieron también por su parte cierto orden e industria. Los reos y prostitutas, que en su origen habían poblado esta colonia, aprendieran a cultivar la caña de azúcar. Fundados ya estos establecimientos cuando empezaron por su importancia a merecer el cuidado de la metrópoli, lo primero que hizo esta fue asegurar el monopolio de su comercio, estrechar el mercado de las colonias, aumentar el suyo a costa de ellas, y por consiguiente desalentar y retardar el curso de su prosperidad, más bien que animarla y promoverla. Una de las diferencias esenciales de la política de las naciones europeas respecto de sus colonias, consiste en los diversos modos de ejercer este monopolio. El método de la Inglaterra, aunque malo, es menos opresivo que los demás.

Pasa de aquí nuestro autor a examinar las ventajas que ha sacado la Europa del descubrimiento de la América, y del paso a las Indias por el Cabo de Buena Esperanza.

Estas ventajas, manifiesta, pueden dividirse en generales y particulares; las generales son las que han tenido consecuencias para Europa, considerándola como un solo y vasto país: las particulares, las que cada metrópoli ha sacado de sus colonias, según el dominio y autoridad que ha ejercido en ellas: No seguiremos al autor en la explicación de estas dos premisas; bastará decir que trata a fondo la materia, y que manifiesta con mucha sagacidad todos los inconvenientes del monopolio y de las compañías exclusivas. Resulta de este análisis, que una falsa política no ha dejado coger todavía a la Europa todos los frutos que puede la comunicación establecida entre ella y los países que por mucho tiempo le fueron desconocidos. El descubrimiento de la América, y el de la India por el Cabo de Buena Esperanza son sin disputa los dos sucesos más importantes de la historia del género humano. Ya han tenido grandes consecuencias:, pero no es posible que todas las que puedan resultar se hayan desenvuelto en el corto espacio de doscientos a trescientos años. No cabe en la prudencia humana prever la suma de felicidad o desgracia que provienen de estos grandes acontecimientos: acercándose y uniéndose hasta cierto punto las partes más remotas del globo, logrando los medios de ayudarse en sus necesidades, y de aumentar mutuamente su industria y sus placeres, parece que se encaminan al bien general de la humanidad; sin embargo, los naturales de ambas Indias han tenido que aguantar desgracias terribles, hijas de la casualidad, más que de la naturaleza de estos sucesos. En el tiempo de estos descubrimientos los europeos tenían tal superioridad de fuerza, que podían cometer sin castigo toda clase de injusticias en aquellos países remotos. Es probable que en adelante alcancen sus indígenas mayor fortaleza que los europeos y que todos los habitantes del globo tengan algún día aquella igualdad de fuerza y de valor que, por el temor mutuo que inspire, frene la injusticia de las naciones independientes, y la obligue a respetar sus derechos. El comercio parece que es el causante más propio para producir esta revolución, pues comporta la comunicación de los conocimientos y de las mejoras respectivas. Librémosle de las trabas antipolíticas que le sujeta, y el interés bien entendido de todas las naciones llevará las luces y beneficios al más alto grado a que pueden conseguir.

Seguidamente del sistema de comercio trata el autor de los de agricultura, o de aquellos sistemas de economía política, que representan el producir de la tierra como la fuente principal y única de la renta y de la riqueza de cada país.

Según he podido saber, menciona el autor, el sistema que representa el producto de la tierra como la única fuente de la renta y de la riqueza de cada país, no lo adoptó jamás ninguna nación, ni existe hoy sino en las especulaciones de algunos franceses intelectuales, y sabios. No deberíamos detenemos a examinar los errores de un sistema que hasta ahora no ha perjudicado a ninguno, y que probablemente no lo hará nunca. Con todo convendrá dar aquí una idea .general de él.

Es sobresaliente la predilección que manifestó siempre: Colbert al comercio y a las fábricas: no solamente estaba dispuesto, como los demás Ministros de la Europa, a promocionar la industria de las ciudades con preferencia a la de los campos, sino que por sostener la primera quería deprimir y abatir la segunda, como lo acredita la prohibición de extraer granos en su tiempo. Esta prohibición, junta con los impuestos arbitrarios e injustos que se exigieron a los cultivadores en casi todas las provincias, desanimaron la agricultura, y la mantuvieron muy inferior al estado a que la fertilidad del terreno y la bondad del clima podía conducirla. Empezaron a sentirse más o menos los efectos de su decadencia, y se hicieron diferentes investigaciones para descubrir la causa. Al fin se reconoció que era básica la preferencia que los reglamentos de Colbert daban a la industria de las ciudades respecto de la de los campos.

Dice la máxima que cuando un árbol se tuerce a un lado es necesario doblarlo otro tanto al opuesto para que quede derecho. Este proverbio es el que parece han adoptado los filósofos franceses, representando la agricultura, como origen único de la renta y riqueza de una nación; y así como en el plan, de Colbert se daba demasiada atención a la industria, en el sistema opuesto no se hace a la verdad todo el aprecio que merece.

En este sistema se divide el pueblo en las tres clases, que a lo largo de la historia se ha supuesto contribuyen al producto anual de las tierras y del trabajo de un país: la primera de los propietarios: la segunda de los cultivadores, arrendadores, labradores y demás que trabajan la tierra, a los cuales honran estos filósofos con el nombre de clase productiva; y la tercera de los artesanos, fabricantes y comerciantes, a quienes degradan con el nombre vergonzoso de clase improductiva, o estéril.

Los propietarios contribuyen al producto anual por los gastos que hacen en beneficiar las tierras, construir edificios, desaguar terrenos, cercarlos, y otras mejoras que proporcionan a los cultivadores un producto mayor con el mismo capital, y por consiguiente que pueden pagar una renta de mayor consideración. Este aumento de renta puede considerarse como el interés de los gastos, o del capital que emplea el propietario en la mejora de sus tierras; y estos gastos se llaman en este sistema rentas territoriales.

Los cultivadores o arrendadores contribuyen al producto anual con lo que en este sistema se llama gastos primitivos y gastos anuales. Los gastos primitivos consisten en los instrumentos de la labor, en el ganado, semilla, subsistencia de la familia del arrendador, sirvientes y ganados de la estancia por lo menos durante una parte del primer año, y hasta que el arrendador saque algo de la tierra. Los gastos anuales consisten en la semilla, reparaciones de los instrumentos de labor, manutención anual de los sirvientes, del ganado del arrendador y de la de su familia.

La renta destinada al propietario no es más que el producto neto que queda después de haber pagado por completo todos los gastos necesarios que se han hecho para conseguir el producto general. A estos mismos cultivadores les concede en este sistema, como hemos mencionado, el título honroso de clase productiva, porque su trabajo da un producto neto, además de lo necesario para pagar por entero todos los gastos que se han referido. Por idéntica causa se denominan a sus gastos primitivos anuales productivos y porque además de reemplazar su propio valor, reproducen anualmente este producto neto.

Los gastos territoriales del propietario, y los primitivos y anuales del arrendador, son los únicos que este sistema reconoce por productivos. Todos aquellos gastos, y todas las demás clases del pueblo, incluso aquellas que generalmente pasan por las más productivas, se las trata como si no produjesen cosa alguna, y se las declara absolutamente estériles, bajo este concepto presenta este sistema a los artesanos y fabricantes, cuya industria, según las ideas en vigor, aumenta tanto el valor del producto natural de la tierra. Su trabajo, dicen, reemplaza meramente las cantidades que se emplean en el, añadiendo solo una ganancia regular. Su riqueza consiste en las materias, instrumentos y jornales adelantados: la utilidad es el fondo destinado a la subsistencia del asentista o empresario. Como este anticipa a sus oficiales el dinero de los materiales, instrumentos o herramientas, y los jornales necesarios para hacerles trabajar? y asimismo adelanta lo que necesitan para la subsistencia; que se gradúa generalmente según el beneficio que piensa obtener de él. Resulta que si el precio de la obra manufacturada, no le paga las antipaciones de la subsistencia, de las materias de los instrumentos y jornales de sus artesanos, es evidente que no le restituye todo el gasto que ha hecho; por consiguiente las ganancias de las fábricas no son; como la renta de la tierra, un producto limpio, que queda después del reembolsó de todos los gastos hechos para conseguirlo, El fondo del arrendador le reditúa una utilidad, como al maestro fabricante, y además da renta para otra persona, lo cual no le sucede a este, pues lo que se gasta en hacer trabajar y subsistir los artesanos y fabricantes, solo causa la continuación de su propio valor, sin producir otro nuevo, de lo que resulta ser un gasto absolutamente improductivo.

El fondo comerciable como el de las fábricas nada produce, solo conserva la existencia de su valor sin producir más: sus ganancias consisten puramente en el reembolso de la subsistencia que el comerciante adelanta durante el tiempo que emplea su capital, y hasta que recibe los retornos, los cuales son tan solo reembolso de una parte del gasto que ha tenido que hacer al emplear su capital.

Los artesanos, fabricantes y comerciantes solo pueden aumentar la renta y riqueza de la sociedad por la economía, o como se explican los de este sistema, por la privación; esto es, privándose ellos mismos de una parte de los fondos destinados a su subsistencia, pues no producen naturalmente más que estos fondos. A menos que ahorren alguna parte, y se priven de los placeres que esta parte al cabo del año podría darles, su industria no puede aumentar nunca la renta y riqueza de su sociedad. Los arrendadores y empleados en el trabajo del campo pueden al contrario gozar completamente todos los fondos destinados a su subsistencia, y aumentar con todo sus rentas; porque además de los fondos destinados a ella, su industria da anualmente un producto neto, cuyo aumento lo produce también en la renta y riqueza de la sociedad; por lo cual las naciones, que como Francia e Inglaterra se componen en gran parte de propietarios y cultivadores, pueden enriquecerse por la industria y los placeres, al paso que las naciones, que como la Holanda y Hamburgo se componen principalmente de comerciantes, artesanos y fabricantes, solo logran enriquecerse por la privación y economía. La diferencia de carácter de estas, naciones corresponde en verdad a la diferencia de estas circunstancias: en el de las primeras se advierte la liberalidad y la franqueza; en el de las otras la ruindad, la bajeza y el Interés personal, incompatibles con los gastos y goces de la sociedad.

La clase que no produce nada, esto es, la de los comerciantes, artesanos y fabricantes, se mantiene y se ocupa enteramente a expensas de las otras dos, que son la de los propietarios y la de los cultivadores. Estas le suministran materias para su trabajo, el fondo de su subsistencia, y el ganado y granos que necesita mientras trabaja: los propietarios y cultivadores vienen a pagar en definitiva el jornal de todos los operarios de la clase que no produce nada, y las ganancias de todos los que los emplean. Estos operarios y sus maestros son propiamente hablando criados de los propietarios y cultivadores; son los sirvientes externos o de fuera, como los criados lo son en lo interior. Unos y otros se mantienen igualmente a expensas de los mismos dueños: su trabajo es igualmente improductivo, y no añade cosa alguna al valor de la suma total del producto de la tierra: al contrario, en lugar de aumentar el valor de esta suma total, son un lastre y gasto que es preciso obtener de ella.

Sin embargo la clase improductiva es no solamente útil, sino de mucho provecho para las otras dos, porque por la industria de los artesanos, comerciantes y fabricantes, los propietarios y cultivadores pueden comprar las mercancías extranjeras, y el producto manufacturado de su propio país con una cantidad del de su trabajo, mucho menor de la que necesitarían si se viesen obligados a introducir las unas, y trabajar el otro, sin poseer la experiencia y destreza necesarias. La improductiva libra a los cultivadores de los cuidados y embarazos que distraerían su atención del trabajo de las tierras. Libres de estos cuidados, y dedicados a su objeto sin distracción, obtienen mayor producto, muy suficiente para pagar todo lo que gastan, como igualmente a los propietarios en hacer subsistir y trabajar la clase estéril y así aunque la naturaleza de la industria de los comerciantes, artesanos y fabricantes no produzca absolutamente nada, contribuye sin embargo a aumentar el producto de las tierras, porque aumenta las facultades productivas del trabajo productor dejando a los empleados en este ramo en disposición de poder dedicarse enteramente a su objeto. Los propietarios y cultivadores no pueden tener interés alguno en deprimir o desanimar la industria de los comerciantes, artesanos y fabricantes. Cuanto mayor sea la libertad de esta clase estéril, tanto mayor será la concurrencia de los diferentes oficios que la componen, y así las otras clases tendrían menos que pagar por las mercancías extranjeras, y por el producto manufacturado del país. La clase que no produce cosa alguna no tiene tampoco interés en oprimir a las otras dos, pues lo que la da ocupación, y la hace vivir,

Los comerciantes, artesanos y fabricantes de los países, que como Holanda y Hamburgo se componen principalmente de la clase que no produce nada, están empleados, y se mantienen enteramente a costa de los, propietarios y cultivadores de las tierras, con la diferencia que estos habitan diferentes países, y son súbditos de otros gobiernos.

Las naciones agricultoras nunca pueden tener interés en desanimar o molestar la industria de los países comerciantes, imponiendo grandes gravámenes -sobre las mercancías que les venden- porque estos gravámenes encarecen estos géneros, y solo sirven para rebajar; el valor real del producto sobrante de las tierras, con el cual las naciones que hemos llamado agricultoras compran, estas mercancías. Para elevar de precio el valor de este sobrante, para fomentar su aumento, y por consecuencia el beneficio y cultivo de las tierras, es el medio, más eficaz conceder la mayor libertad al comercio de todas las naciones ; y esta libertad seria también el medio más seguro de proporcionar a un país los artesanos, fabricantes y comerciantes que sean necesarios.

Cuando una nación agricultora oprime con exagerados gravámenes el comercio de las naciones extranjeras, se perjudica a sí misma de dos maneras, Primera, levantando el precio de todas las mercancías extranjeras, hace por necesidad bajar el valor real del sobrante del producto de sus tierras, con el cual compra estos géneros. Y segunda, concediendo una especie de monopolio en el mercado interior a sus comerciantes, artesanos y fabricantes, hace subir la ganancia mercantil y de fábrica más de lo que debiera con proporción a la utilidad de la agricultura, y por consiguiente hace salir de ella una parte del capital dedicado antes a este objeto, e impide se utilice todo lo que de otra forma se hubiera destinado a el. Esta política desanima la agricultura, haciendo que baje el valor real de su producto, y que suba la tasa de la ganancia en los demás empleos y ocupaciones.

Cuando esta política opresiva pudiera dar a una nación agricultora comerciantes, fabricantes y artesanos, antes de lo que hubiera tenido sin ella, lo cual es muy dudoso, esta ventaja seria efímera, porque elevando con demasiada rapidez un ramo de industria abatiría otro más precioso y estimable. Se levantaría la que reemplaza solamente los fondos que emplea con un rédito regular, y se abatiría la que además del reemplazo del fondo, con su ganancia proporciona un producto neto: en una palabra, seria deprimir el trabajo productivo por auspiciar el fomento de otro que no produce nada.

El error fundamental de este sistema consiste en representar la clase de artesanos y fabricantes como absolutamente improductiva. Las observaciones siguientes harán ver el poco fundamento de semejante aseveración.

I. Todo el mundo conoce que esta clase reproduce anualmente el valor de su consumo anual, y continua a lo menos conservando el fondo o el capital que la emplea y la mantiene, de modo que incluso cuando no hubiera más que esta reproducción, parece se da con poco fundamento a esta clase el título de estéril.

II. Tienen asimismo poquísima razón en comparar con los criados a los artesanos., comerciantes y fabricantes; el trabajo de los criados no conserva el fondo que los emplea y los mantiene; viven y están empleados por completo a expensas de sus amos, y la obra que realizan no es de una naturaleza propia para rembolsar este gasto: nada queda de sus servicios, que mueren al instante, pues no se realizan en ninguna mercancía, que pudiera reemplazar el valor de su salario y de su subsistencia. Al contrario, el trabajo de los artesanos, comerciantes y fabricantes se fija y se realiza en alguna mercancía cambiable o vendible.

III. Parece también poco fundado afirmar en cualquier hipótesis, que el trabajo de los artesanos, comerciantes y fabricantes no aumenta la renta real de la sociedad Aún cuando se supusiera, como parece lo supone este sistema, que lo que esta clase consume en un día, en un mes o en un año, es exactamente. Igual a lo que produce en el día, en el mes y en el año, no se seguiría de aquí que su trabajo no aumenta algo el valor real del producto anuo de las tierras y del trabajo de la sociedad. Por ejemplo, aunque un artesano, que en los seis primeros meses después de la cosecha produzca diez libras esterlinas de obra, consuma en este mismo tiempo diez libras esterlinas en trigo y otras cosas necesarias, no deja de añadir el valor de estas diez libras esterlinas al producto anual de la tierra y al trabajo de la sociedad. Mientras ha consumido trigo y otras cosas necesarias por el medio año de la renta de diez libras esterlinas, ha hecho una obra de igual valor, adecuada para comprar, sea para él o para otro, una cantidad del mismo valor. Así pues el valor de lo que ha consumido y producido en estos seis meses no es igual a diez, sino a veinte libras esterlinas.

Si el trigo y demás cosas necesarias consumidas por un artesano lo hubieran sido por un soldado o por un criado, el valor de esta parte de producto anual, que existía al fin de los seis meses, habría sido de diez libras esterlinas menos que lo es actualmente después del trabajo del artesano; y así incluso cuando el valor de lo que el artesano produce no sea nunca mayor que el valor de lo que consume, no obstante el valor existente de las mercancías de venta se hace mayor en virtud de lo que ha producido.

IV. Suponiendo según este sistema que la renta de los habitantes de un país consiste sólo en la cantidad de subsistencia que logran por su industria, en esta hipótesis, vuelvo a decir, la renta de un país comerciante y fabricante, supuestas las demás cosas iguales, será siempre mayor que la de un país que no tuviera comercio ni manufacturas; pues por su medio puede introducirse en el país más subsistencia que lo que pueden darle sus propias tierras en el estado actual de cultivo; porque, los habitantes de una ciudad , aunque no tengan tierras propias, no dejan de lograr de las tierras de otros por su industria una cantidad de producto natural, que les da materiales para sus obras, y fondos para su subsistencia.

Un estado independiente puede ser para con los demás igual que es una ciudad con los campos que la rodean. De esta manera saca Holanda de los otros países mucha parte de los artículos de su subsistencia; con una pequeña parte del producto manufacturado se compra una gran cantidad de producto natural en bruto. Un país comerciante y fabricante compra con poco producto manufacturado muchas producciones naturales de los otros países; y al contrario, un país sin comercio y sin manufacturas se ve obligado generalmente a dar una gran parte de su producto por una muy pequeña parte del de los demás. Este sistema, con todas sus imperfecciones, es el mejor que se ha diseñado sobre la economía política, y merece por consiguiente la atención de todo individuo que quiere examinar seriamente los principios de esta ciencia importante: y aunque parece que ciñe y sujeta demasiado la facultad productiva, no concediéndosela sino al trabajo de la tierra, no por eso su doctrina deja de ser justa, honrada y generosa cuando representa la riqueza de las naciones fundada en los bienes que se consumen, y que la tierra reproduce anualmente, y cuando indica la libertad absoluta como el único medio para que esta reproducción sea la mayor posible.

Se ha analizado ya que la sección más importante del comercio de cada nación es la que se realiza entre los habitantes de las ciudades y de los campos. Aquellos sacan de los campos el producto natural, que les ofrece materiales para sus obras, fondos para su subsistencia, y la paga de este producto, con una parte de los mismos materiales trabajados y mejorados por la industria. El comercio que se realiza entre estas dos clases de individuos consiste en definitiva en cambiar cierta cantidad de producto natural por otra de producto manufacturado: así pues cuanto más caro sea el primero, el último será más barato; y todo lo que incline a levantar en un país el precio del producto manufacturado, inclina también a hacer bajar el producto natural de la tierra, y a desanimar la agricultura. Cuanto menor sea la cantidad de producto natural, o lo que viene a ser lo mismo, cuanto menos pueda comprarse de producto manufacturado con una cantidad determinada de producto natural, tanto menos valor tiene esta cantidad vendida de producto natural, y tanto menos estímulo el propietario en aumentar su cantidad con mejoras, y tanto menos el arrendador con su cultivo. Por otra parte, todo lo que se dirige a disminuir en un país el numero de los artesanos y fabricantes, se dirige también a disminuir el mercado interior, que es el más importante de todos para el producto en bruto o natural de la tierra, y se inclina por consiguiente a desanimar la agricultura.

Estos sistemas, que para favorecer la agricultura ponen obstáculos a las fábricas y comercio extranjero, obran directamente contra el fin que se proponen, y desaniman de una manera indirecta la industria misma que quieren proteger bajo este aspecto son más insensatos que el sistema de comercio, porque dando este más fomento a las fábricas y al comercio extranjero que a la agricultura, separa una cierta porción del capital de la sociedad de una especie de industria más ventajosa., para sostener otra que no lo es tanto ; pero al fin promueve en realidad el ramo que se ha propuesto fomentar, y en los otros sistemas se hace precisamente lo contrario.

Es preciso no cansarse de insistir que todo sistema, que procura inclinar con auxilios y fomentos extraordinarios hacia una especie particular de industria más parte del capital de la sociedad del que naturalmente entraría en ella, o aparta por barreras extraordinarias una porción del capital de aquella especie particular de industria en que naturalmente se hubiera empleado, destruye en la realidad o combate el mismo fin que se propone; y en lugar de acelerar retarda los progresos que la sociedad haría en la riqueza y el poder, y disminuye el valor real y efectivo del producto anual de las tierras y de la industria, en lugar de acrecentarlo.

Destruidos completamente los obstáculos y preferencias, se establece casi por sí mismo el sistema sencillo de la libertad natural. Mientras que un individuo no quebrante las leyes de la justicia, debe tener libertad de manejar sus intereses a su antojo, y de hacer uso de su industria o de su capital como le plazca. Por este medio el Soberano se ve libre de una carga que no puede llevar sin exponerse a mil equivocaciones; esto es, de la obligación de inspeccionar la industria de los particulares, y del cuidado de dirigirla del modo más conveniente al interés de la sociedad.

Este sistema de libertad sólo deja al soberano tres obligaciones de la mayor importancia. La primera la de proteger la sociedad contra la violencia e invasión de las otras sociedades independientes: la segunda la de defender en cuanto pueda cada miembro de la sociedad contra la injusticia y opresión de cualquier otro, o establecer una recta administración de justicia y la tercera la de hacer y mantener ciertas obras y establecimientos públicos, que nunca les vendrán a cuenta a un particular ni a un pequeño numero de ellos el hacerlos ni mantenerlos, porque la utilidad que den no les compensa el gasto que ocasionan, aunque pudieran pagarlo con ganancia a una sociedad grande.

El cumplimiento de estas tres obligaciones del Soberano conlleva ciertos gastos, y estos gastos cierta renta. Por lo mismo se necesita una renta pública, con la cual pueda el Soberano atender a los gastos del gobierno, y a los dispendios necesarios de la sociedad. Tal es el objeto de los impuestos y contribuciones, que motivados siempre por la utilidad publica, unas veces deben ser generales, y otras imponerse solamente a ciertos miembros particulares de la sociedad.

Libro V: *De la renta del Soberano o de la comunidad*

En el primer capítulo de este libro analiza el autor los gastos del Soberano de la comunidad: divide este artículo en tres partes, gastos de defensa, gastos de justicia, y gastos para las obras o instituciones políticas La primera obligación del Soberano, esto es, la de proteger la sociedad contra la violencia y la invasión de las demás no puede cumplirse sino por medio de fuerza militar; pero el gasto que ocasiona para preparar esta fuerza en tiempo de paz, y emplearla en el de guerra, es muy diferente según los diferentes estados de la sociedad, y los diversos períodos de su desarrollo.

Habiendo establecido este principio examina una tras otra lo que cuesta la defensa entre los pueblos cazadores, los pueblos pastores, y los pueblos agricultores : entre los dos primeros, siendo en cierto modo cada individuo un guerrero a su costa, resulta que el gasto para el Soberano es casi mínimo; pero no sucede lo mismo en un pueblo agricultor. Como el cuidado del cultivo exige que un gran numero de individuos se entreguen a él por completo, y no pierdan de vista el campo que han fertilizado, no es posible que todos sean guerreros. Al paso que la sociedad se va civilizando, se aumentan las ocupaciones sedentarias: entonces los individuos no son natural e indistintamente soldados o guerreros, sino que se alistan por elección; y los que van a defender la patria, mientras que los otros quedan en sus casas, deben necesariamente ser mantenidos y pagados por estos últimos, respecto de que se encargan ellos solos de una obligación que es común a todos los demás.

La primera obligación del Soberano, esto es, la de defender la sociedad contra la injusticia y violencia de las otras naciones independientes, se hace por tramos más costosa a proporción que la sociedad adquiera mayor cultura. La fuerza militar en su origen no costaba cosa alguna al Soberano ni en el tiempo de paz ni en el de guerra: ahora el Soberano tiene que mantenerla en todo tiempo.

La gran conmoción introducida en el arte de la guerra por la invención de las armas de fuego, ha aumentado mucho el gasto necesario para disciplinar un cierto número de soldados en tiempo de paz y emplearlos en el de guerra ; sus armas y municiones son mucho más costosas. Un mosquete cuesta más que un dardo, o que un arco con sus flechas, y un canon o un mortero más que una ballesta o una catapulta: la pólvora que se gasta en unas maniobras actuales se pierde para siempre, y causa un gasto más considerable, que cuando se podían recoger fácilmente los dardos y flechas que se disparaban en los tiempos antiguos, prescindiendo de que eran de muy poco valor. El cañón y el mortero son mucho más caros y pesados que la ballesta y catapulta, y su fundición y transporte causan mayores gastos.

Añádase a esto, que siendo la artillería moderna superior a la de los antiguos, es mucho más difícil y por consiguiente más costoso fortificar una ciudad para ponerla solamente en estado de que pueda defenderse algunas semanas. Varias son las causas que hacen más costosa la defensa de la sociedad, y los efectos inevitables de su progreso natural se han visto auxiliados por la revolución tan grande en el arte bélico, como ha sido el descubrimiento de la pólvora.

El grandísimo dispendio que es necesario hacer para las armas de fuego, ofrece una ventaja evidente a la nación que las tiene más bien montadas y servidas, y por consiguiente a una nación rica y civilizada respecto de otra bárbara y pobre. En la antigüedad las naciones ricas y civilizadas tenían mucho trabajo para defenderse de las naciones pobres, y actualmente les es a estas muy difícil defenderse de las otras. La invención de las armas de fuego, que a primera vista parece tan perjudicial, es favorable sin contestación a la estabilidad y progresos de la civilización.

La segunda obligación del Soberano de proteger en cuanto pueda a cada miembro de la sociedad contra la injusticia y opresión de cualquier otro miembro o la de establecer una exacta administración de justicia, exige también varios gastos según los diferentes períodos de la sociedad.

Como entre los pueblos cazadores se puede afirmar que no se conoce propiedad alguna, es muy raro que se establezca nunca magistrado para la administración regular de la justicia. Los qué no tienen propiedad no pueden perjudicarse sino en las personas o en su reputación: cuando un individuo mata, hiere, sacude o infama a otro, aunque la persona que recibe esta injuria la aguante, no obtiene provecho alguno el que la hace. Lo contrario ocurre en los delitos contra la propiedad, porque la ganancia de la persona que los comete es generalmente igual a la perdida que hace la persona que lo sufre. La envidia, la malicia y el resentimiento son las únicas pasiones que pueden mover a un ser humano a perjudicar a otro en su persona o en su reputación; pero la mayor parte de los hombres rara vez se deja arrastrar por el impulso de estas pasiones, y aun los más perversos suelen serlo ocasionalmente.

Por grande que sea el gusto que sientan ciertos genios en satisfacer las pasiones de que acabamos de hablar, como a esta satisfacción no se sigue ninguna ventaja real ni permanente, suelen contenerlos las consideraciones juiciosas: y así los individuos pueden vivir juntos con cierta seguridad, sin que haya magistrado civil para protegerlos contra la injusticia de estas pasiones, pero la avaricia y ambición en el rico, la aversión al trabajo, y el deseo de bienestar en el pobre, son pasiones más difíciles de vencer, y que impulsan más a hallar la propiedad ajena. La abundancia de los ricos excita la cólera de los pobres, que hostigados por la necesidad y por la envidia se dejarían arrastrar con frecuencia por ellas: sin el escudo del magistrado civil un propietario rico, que, hubiese logrado serlo por el trabajo de muchos años, y probablemente dé muchas generaciones sucesivas, no podría descansar seguro en su cama una sola noche, rodeado siempre de enemigos ocultos, que no puede tranquilizar, aunque nunca los haya provocado, y no le queda otra defensa contra su injusticia, que el brazo poderoso del magistrado civil, levantado siempre para castigarla. La adquisición de una propiedad .extendida y valiosa demanda por necesidad el establecimiento de un gobierno civil; y este gobierno, por lo tocante a la seguridad y propiedad, se ha establecido en verdad para defender al rico contra el pobre, para defender a los que tienen algo contra los que nada tienen.

Sin embargo la autoridad judicial, lejos de ser un motivo de gasto para el Soberano, ha sido por mucho tiempo una de las fuentes de su renta. Las personas que se dirigían antes a pedir justicia, estaban siempre dispuestas a pagarla, y no existen memorial que no fuese acompañado de un regalo; el culpado se veía en la necesidad de pagar una multa pecuniaria, y este castigo parecía muy justo por haber turbado la paz del Rey su señor; pero además que por causas diferentes, y sobre todo por el aumento continuo de los dispendios que exigía la defensa de la nación contra las invasiones extranjeras, luego, vuelvo a decir, que se hizo preciso que el pueblo contribuyese a estos gastos por diferentes clases de impuestos, parece se estipuló que para la administración de justicia ni el Rey, ni sus jueces y substitutos hubiesen de admitir regalo alguno.

Sin duda creyeron que era más fácil abolir los que arreglarlos, y fijarlos de modo que se cortasen los abusos, y así a los jueces se les asignaron los sueldos que se creyeron suficientes para compensar la parte que perdían en las ganancias suprimidas.

Es muy probable que el poder ejecutivo se viese precisado a desprenderse, de la facultad judicial por la multitud de negocios que sobrevinieron repentinamente. La administración de la; justicia se tornó tan complicada, y pedía tanto trabajo, que pagaron bien caro los jueces la consideración que conseguían; y como el que tenía en su mano el poder ejecutivo no tenia tiempo para atender y decidir por sí las causas particulares, nombró sin duda alguno que le substituyese en este encargo. Cuando Roma estaba en todo su esplendor y viéndose el Cónsul muy agobiado con los negocios políticos y del Estado para ocuparse de la administración de justicia, se le reemplazó en esta comisión por un Pretor. En las monarquías de Europa, fundadas sobre sus ruinas, el Soberano y los Barones miraron generalmente la administración de justicia como un empleo muy penoso y de poco lustre para desempeñarlo por sí mismos, y dieron este encargo nombrando substitutos y jueces que lo ejecutasen por ellos.

La tercera y ultima obligación del Soberano, de hacer y mantener las obras y establecimientos públicos que pueden ser muy útiles pero que son de tal naturaleza que ni un particular ni un corto número de individuos sacaría de ellos utilidad capaz de reembolsar las anticipaciones que hubiera hecho, y por consecuencia no debe esperarse que ellos las hagan, exige asimismo diferentes gastos, según los diversos períodos de la sociedad.

El autor divide este objeto en cuatro artículos: el primero relativo a las obras para facilitar el comercio; el segundo a los establecimientos para la educación de la juventud; el tercero para la instrucción de gentes de todas edades; y el cuarto relativo a los gastos necesarios para sostener la dignidad del Soberano.

Que la construcción y conservación de las obras públicas para facilitar el comercio de la sociedad, como los caminos reales, puentes, canales navegables, puertos etc. demandan diferentes gastos, según las diversas circunstancias, es una cosa tan clara, que no necesita probarlo.

El autor se muestra partidario de los portazgos y otras contribuciones de esta naturaleza, y da muchas razones para preferir este método al de una imposición general: entre otras dice, que cuando se construyen y reparan con el comercio que se hace por ellos, no se contribuye más que lo necesario, y en los parajes ciertamente adecuados.

Las obras públicas, que por su naturaleza no producen nada para su conservación, pero cuya utilidad se limita a un paraje particular, se conservan siempre mejor con una renta local, que con la general del Estado. Los abusos que se introducen en la administración de una renta local o provincial, por más que nos parezcan enormes, son casi nada en comparación de los que regularmente hay en la administración y gasto de la renta de un vasto imperio. Baso la administración local y provincial de los Jueces de paz de Inglaterra, los seis días de trabajo que el pueblo tiene obligación de reparar los caminos reales no se aplican quizás con juicio y discernimiento, pero apenas hay en estas *corveas* una circunstancia que manifieste opresión ni crueldad. En Francia, donde la aplicación no es más juiciosa, la exacción es por lo común más cruel y opresiva. De modo que estas *corveas* suelen ser en Francia y no de los instrumentos principales de que los

Intendentes franceses no dejan de valerse cuando quieren castigar una parroquia o lugar que ha tenido la desgracia de caer en su desgracia.

Los establecimientos dirigidos a la educación de la juventud ofrecer renta para costear sus gastos. De esta ganancia es la que un discípulo paga a su maestro.

¿Las fundaciones de las escuelas y colegios han correspondido en general a los fines de sus establecimientos? Han avivado por ventura la dedicación, y perfeccionado el talento de los maestros? dirigida la educación a los objetos más útiles al público y a los particulares ? Es imposible que las rentas de dotación en las escuelas y colegios no hayan disminuido más o menos en los maestros la necesidad de aplicarse. Siempre que no saquen toda su substancia o de sus discípulos o de su dotación, la han de buscar por precisión en todo o en parte de un fondo totalmente independiente de su objeto principal.

En algunas universidades la renta de los maestros consiste en gran parte en lo que sus discípulos acostumbran pagarles: en este caso el profesor se ve en mayor o menor necesidad de aplicarse, respecto a que su bienestar depende de su reputación, y de la estimación, inclinación y cariño de sus discípulos, los cuales no pueden tenerle estimación sino haciéndose él acreedor por el exacto cumplimiento de sus deberes.

En otras universidades le está vetado al maestro que reciba cosa alguna de sus discípulos, y la dotación que tiene asignada compone toda la renta de su plaza. Entonces su Interés se opone diametralmente a su obligación; porque tomando la palabra Interés en el sentido vulgar, todo individuo lo tiene en incomodarse lo menos que pueda, estando seguro de obtener el mismo partido desempeñando o no un encargo de mucha pesadez y trabajo; su Interés es abandonarlo enteramente, o si tiene un superior que no se lo permita, cumplir a lo menos con indiferencia y abandono; y si es por excepción activo y amante del trabajo, por su propio interés aplicará esta actividad a cosas que le proporcionen más ventajas que las que le da el cumplimiento de su obligación. Si la autoridad a que está sujeto reside en la comunidad, colegio o universidad de que es miembro, y que los más enseñan o deben enseñar como él, se unirán probablemente todos para tolerarse unos a otros, y consentirá en que los otros falten a su obligación, con tal que a él le dejen hacer lo mismo. La mayor parte de los profesores públicos de la universidad de Oxford han abandonado de muchos años a esta parte hasta los rasgos de la enseñanza.

Si esta autoridad no reside tanto en el cuerpo de que el profesor es miembro, como en alguna persona foránea, como el Obispo de la diócesis, el Gobernador de la provincia, o algún otro miembro del Estado, es probable que el maestro salve a lo menos las apariencias; ¿pero de qué servirá la autoridad de semejantes superiores? Le obligarán a permanecer con sus discípulos ciertas horas del día, y a darles un numero determinado de lecciones cada semana o cada año: esto es todo lo que pueden hacer. La calidad de las lecciones siempre dependerá del celo del profesor, y la incomodidad que este se tome será proporcionada a los motivos que tenga para ello. Por otro lado, es de temer que esta jurisdicción externa vaya acompañada de la ignorancia y el capricho: semejante autoridad es por lógica arbitraria ; y como las personas que la ejercen nunca asisten a las lecciones, y quizás no entienden una palabra de las materias de que se trata, no pueden interponer con juicio y discernimiento su autoridad. Obligar a un cierto número de estudiantes a ir a un colegio o universidad determinada, cualesquiera que sean los maestros, es eximir a estos más o menos del trabajo de adquirir mérito y reputación. Tal es el efecto de los privilegios de graduado en Artes, Derecho, Medicina y Teología, cuando no pueden conseguirse sin la asistencia de un número determinado de años a ciertas universidades, los cuales obligan por necesidad a los estudiantes a tomar las lecciones de aquellos maestros, sean hombres de mérito o no. Los privilegios de graduado son una especie de estatutos de aprendizaje, que han contribuido tan poco a perfeccionar la educación, como los reglamentos de los gremios mecánicos a la perfección de las artes y manufacturas.

Sea bueno o malo un colegio siempre tiene cierto número de estudiantes que dependen de asignaciones piadosas, y pensiones fundadas con el objeto de estudiar en él. Si en semejantes fundaciones dejasen a los jóvenes la elección de los colegios que les pareciese mejor, esta libertad podría quizás excitar cierta emulación entre los colegios, al paso que es un medio seguro de apagarla prohibir a los miembros independientes de un colegio salir sin permiso para pasar a otro.

Si en cada colegio el preceptor encargado de instruir a los estudiantes en las artes y ciencias, no fuese de la elección del discípulo, sino nombrado por el jefe del colegio, y que en el caso de abandono, incapacidad o mal trato no pudiese el discípulo mudar de profesor sin pedir y obtener antes permiso para ello, seria un reglamento de esta naturaleza muy propio, no solo para apagar todo estímulo entre los diferentes preceptores de un mismo colegio, sino para substraer a todos de la necesidad de aplicar cierta dedicación y cuidado con sus discípulos. Estos maestros, aunque bien pagados por sus alumnos, podrían abandonarlos con tanta libertad como los que enseñan gratuitamente, o que no poseen más recompensa que la renta de dotación.

Si el maestro es una persona juiciosa le repugnará llenar los oídos de sus discípulos de cosas absurdas; además que le seria muy desagradable ver a sus estudiantes irse a bandadas, o escucharle con indiferencia, y a veces con menosprecio. Estos motivos, sin otro Interés aparente, son por si suficientes para poner atención en sus lecciones, y para que estas a lo menos sean regulares.

No por eso le faltarán medios de ahorrarse impunemente este trabajo. En lugar de explicar a sus discípulos la ciencia que se propone enseñarles, puede leerles un libro que trate de ella; y si este libro está escrito en una lengua muerta, traducirlo a la suya, o lo que es más fácil, hacer que lo traduzcan sus estudiantes, con lo cual, y con presentarles de cuando en cuando alguna observación sobre lo que contiene, creerá haber cumplido. Un conocimiento muy superficial de la materia, y un poco de aplicación, le bastarán para cumplir sin riesgo de decir cosas atrevidas, impropias y chocantes, logrando también por los estatutos del colegio obligar a rodos sus discípulos a que asistan a su clase con la mayor decencia y respeto mientras dure esta supuesta lección.

La disciplina de los colegios y universidades en general más bien se orienta a la comodidad de los maestros, que a la utilidad de los discípulos. Su objeto es mantener en todos los casos la autoridad del profesor, y sin que este cumpla o no con su obligación, precisar a los discípulos a portarse con él como si la desempeñara con la mayor dedicación y capacidad. Esta vigilancia, vuelvo a señalar, parece que supone en el uno la más perfecta virtud y prudencia, y en los otros la locura o necedad. Con todo, no hay quizás ejemplo de que el maestro cumpla ciertamente con su deber, y que los discípulos falten al suyo: no hacen falta amenazas para obligar a que asistan a las lecciones cuando estas lo merecen, como se ve siempre en donde son buenas. La sujeción y la fuerza bien utilizadas son indispensables sin discusión para que los niños sigan las que se cree deben enseñárseles en una edad tierna; pero rara vez se necesitan estos medios, cuando pasan de los doce o trece años, para ningún ramo de educación, si tienen un buen maestro que los dirija. Se halla en los jóvenes tanta generosidad, que lejos de inclinarse a olvidar y criticar las instrucciones de los maestros que desean ciertamente serles útiles, que perdonan generalmente los descuidos que alguna vez cometen en el ejercicio de sus funciones, y ocultan con frecuencia sus faltas mayores, que los expondría con razón a la censura pública.

No deja de ser digno de notarse que los sectores de educación, para cuya enseñanza no hay establecimientos públicos, son en general los que se enseñan mejor. Es muy raro el joven que va a aprender a bailar o tirar a la espada que no consigue aprender uno y otro. Los efectos del picadero no son por lo común tan buenos, y sus gastos han crecido tanto, que en ciertos parajes ha venido a hacerse del picadero un establecimiento público: las tres partes más esenciales de la educación literaria, como son leer escribir y contar, más bien se aprende en el día en las escuelas particulares, que en las públicas, y es muy raro el que no se instruye de lo que necesita para su uso.

En Inglaterra es menor el maremagnum de las escuelas públicas, que el de las universidades; en las primeras se aprende, o por lo menos se puede aprender, el griego y el latín, esto es, todo lo que los maestros manifiestan enseñar, y todo lo que se puede esperar que enseñen; pero en las universidades ni se aprende, ni hay medio de aprender lo que allí deben enseñar. La recompensa de un maestro de escuela depende principalmente y a veces del todo, de lo que pagan sus discípulos; las escuelas no gozan de privilegio exclusivo: para conseguir los honores de graduado no es necesario que una persona se arme con un artificio que acredite haber estudiado en una escuela pública un número determinado de años; si en el examen acredita su suficiencia no le preguntan como la ha conseguido.

Los establecimientos relativos a la instrucción de las gentes de todas edades son principalmente aquellos que tienen por objeto la instrucción de la religión : los que la dan se mantienen, como los maestros de cualquiera otra clase, o de las contribuciones voluntarias de sus oyentes, o de los fondos que gozan por las leyes del país, y manifiestan regularmente más celo e industria cuando viven solo de la liberalidad y socorro de sus oyentes.

No existirá quizás una sola iglesia protestante en que el celo y la industria del clero sea tan eficiente y llena de entusiasmo como en la Iglesia Romana. Los eclesiásticos de sus parroquias sacan la mayor parte de sus necesidades de las limosnas y oblaciones voluntarias del pueblo; y siendo el clero de las parroquias como aquellos maestros cuya recompensa depende en parte de su dotación fija, y en parte de la contribución de sus discípulos, depende por consecuencia su bien estar de su reputación y buena conducta.

Casi todas las artes y oficios, a la vez que favorecen los intereses do la sociedad, son al mismo tiempo útiles y agradables a ciertos individuos. Entonces el magistrado, excepto cuando un arte está en sus comienzos, debe dejar aquella profesión entregada a sí misma, y el cuidado de extenderla a los particulares que cogen el fruto. Los artesanos, viendo aumentarse sus ganancias con el despacho de su obra, redoblarán su actividad e industria; y como el curso natural de las cosas no está interrumpido por ningún auxilio mal administrado, hay casi una perfecta seguridad de hallar siempre una cantidad de mercancías proporcionada a las exigencias.

Sin embargo, existen ciertas profesiones que, aunque útiles y necesarias en un estado, no producen ventaja ni gusto a los particulares. Entonces el Soberano debe mudar de medio con los que las siguen, ya dándoles un fondo público con relación a su subsistencia, ya libertándolos del abandono en que naturalmente caerían concediendo ciertos honores a sus empleos, o estableciendo una larga subordinación de clases, y una estrecha dependencia, o valiéndose de otros medios. De esta clase son los hombres empleados en los negocios de Real hacienda, en la marina y en la magistratura.

Trata después el autor del modo de enmendar los inconvenientes que lleva consigo la ignorancia del pueblo, y dice que hay dos recursos fáciles y eficaces, cuya reunión podría realizar tan buenos deseos. El primero es el estudio de las ciencias y de la filosofía, que podría hacerse casi universal, no señalando un fondo independiente de su subsistencia a los maestros para hacerlos despreocupados y perezosos, sino haciendo pasar, aun en las ciencias más difíciles, una especie de prueba o examen antes de permitir a nadie ejercer una profesión liberal, o pretender un empleo de honor y lucro. Si el estado impusiese a esta clase de individuos la necesidad de instruirse, no necesitaría ocuparse en darles buenos maestros, pues tendrían ellos bastante cuidado de buscar los mejores que se les pudieran dar. La ciencia es el gran remedio contra el veneno del entusiasmo y superstición, a la cual no están expuestas las clases inferiores cuando las otras poseen ilustración. El segundo remedio consiste en la alegría y variedad de las diversiones públicas. Fomentando, esto es, dejando en plena libertad a todos los que quisiesen divertir el pueblo sin escándalo ni indecencia, ya con la pintura, la poesía, la música, el baile, o toda especie de representaciones dramáticas, el estado disiparía fácilmente el humor sombrío y melancólico, que es casi siempre el padre de la superstición y del entusiasmo del pueblo. El buen humor y la alegría que inspiran estos pasatiempos agradables son incompatibles con la disposición del espíritu que se requiere para dar albergue al fanatismo. El tercero y último objeto de los gastos públicos comprende lo necesario para sostener la dignidad del Soberano. Este artículo es muy breve en la obra del autor.

Además del gasto necesario, señala el autor, para poner al Soberano en estado de cumplir sus diferentes funciones, se requiere también otro necesario para sostener su dignidad. Este gasto va ría según los diferentes progresos de la sociedad y según la diferencia de gobiernos.

En una sociedad rica, en que todas las clases del pueblo aumentan cada día el gasto que hacen en sus casas, muebles, mesa, vestidos y trenes, no debe esperarse que el Soberano sea una excepción contra la moda. Todos estos artículos le costarán precisamente mucho más, y así parece que lo demanda en cierto modo su dignidad.

Como un Monarca posee una dignidad sobre sus vasallos, mayor que el primer Magistrado de una República respecto a sus conciudadanos, necesita por lo mismo aquél mucho más gasto que este para sostener su dignidad, y así debe haber más esplendor en la corte de un Rey, que en el palacio de un Dux, o en la casa de un Burgomaestre. Por último el autor termina este capítulo del gasto público con la siguiente conclusión.

El objeto de la defensa dé la sociedad, y el sostener la dignidad de su primer magistrado, es bien general de todos; por consiguiente es de sentido común que los gastos que se hagan con este fin salgan de toda la sociedad, y que sus diferentes miembros contribuyan a ellos con la mayor exactitud posible y a proporción de sus posibilidades.

El gasto de la administración de la justicia puede considerarse asimismo como hecho para el bien general. Con todo las personas que causan este gasto son las que ocasionan perjuicio a otros, y les ponen en la necesidad de recurrir a la justicia para conseguir la reparación que desean. Por otra parte las personas que sacan de este gasto la utilidad más directa, son las que logran ser restablecidas o mantenidas en sus derechos por la justicia. Por lo mismo podría exigirse con legalidad una contribución particular o del que causó el mal, o del que ha sufrido el perjuicio, o de los dos juntos según las circunstancias del caso. No habría necesidad de recurrir a una contribución general de la sociedad sino para los gastos de las causas de los reos que no tuviesen bienes, o un fondo suficiente para concurrir a ellos.

Los dispendios locales o provinciales de que únicamente obtiene ventaja un lugar o una provincia, aquellos, por ejemplo, que se hacen para la policía de una ciudad o un distrito particular, deben abstenerse de una renta local o provincial, y no gravar de modo alguno la renta general de la sociedad, porque es injusto que paguen todos un gasto cuyas ventajas solo consiguen unos pocos.

El gasto necesario para la conservación do los caminos reales y demás comunicaciones es ventajoso sin duda a toda la sociedad, y puede pagarse justamente por una contribución general; sin embargo como las gentes que viajan y transportan de un lugar a otro las mercancías, y los sujetos que las consumen son precisamente los que sacan el beneficio más directo e inmediato, puede recaer este gasto particular únicamente sobre ellos. Los derechos de portazgo libran la renta general de la sociedad de un gravamen considerable.

El dispendio de los establecimientos para la educación de la juventud y enseñanza de la religión, es igualmente útil a toda la sociedad, y así no seria injusto atender a este objeto por una contribución general. Con todo tampoco habría inconveniente, e incluso quizás se sacaría alguna ventaja de que lo pagasen los que sacan una utilidad inmediata de esta educación o instrucción, o de los que creen necesitar de la una o de la otra.

Cuando los establecimientos y obras públicas útiles a toda la sociedad no pueden mantenerse por la contribución particular de los que sacan de ellas más inmediata utilidad, necesita entonces que la contribución general atienda a estos gastos. Además de los necesarios para la defensa de la sociedad, y para sostener el honor y dignidad del primer magistrado, la renta general debe completar lo que falte a los diversos ramos particulares.

E1 autor expone en el capitulo siguiente cuales son las fuentes de esta renta general, y viene por este camino a tratar de las contribuciones. Habla luego de los fondos que pertenecen particularmente al Soberano, y contempla la enajenación de estos bienes particulares como una operación muy ventajosa»

En todas las grandes monarquías de Europa hay muchos terrenos que pertenecen a la Corona. Por lo general son bosques, a veces tan grandes, que un viajero anda muchas leguas sin encontrar más que un país desolado, perdido y despoblado. La venta de estas tierras produciría en cada monarquía una gran suma de dinero, que ahorraría una parte de la renta mucho mayor que la que estos bienes la han producido. En los países en que las tierras perfectamente cultivadas, y ya en todo su valor, se venden regularmente a tres por ciento, las tierras poco o mal cultivadas de la Corona podrían venderse a dos, a uno y medio, etc. por ciento. El estado gozaría desde luego de la renta que ahorraría por el precio de esta enajenación, y probablemente conseguiría otra al cabo de algunos años, pues no se necesitaría mucho tiempo para que las tierras de la Corona, puestas en manos de los particulares, se vieran cultivadas y produjesen un buen rédito. El aumento de su producto haría crecer la población del país, y aumentaría la renta y consumo del pueblo, y las rentas de la aduana, sisas y demás aumentarían por precisión con este consumo.

Aunque la renta que saca la Corona de sus tierras en una monarquía culta parece no costar nada a sus individuos, es en realidad más costosa para la sociedad que cualquiera otra renta igual a ella: por lo mismo en todos los casos convendría a la sociedad reemplazar esta renta con otra, y repartir estas tierras al pueblo, lo cual no podría hacerse mejor que poniéndolas a publica subasta.

Las tierras destinadas al gusto y magnificencia, como parques, jardines, paseos públicos, que en todas partes se consideran como objetos de gasto, y no como origen de rentas, son las únicas tierras que en una gran monarquía deberían pertenecer a la Corona.

Ya que el capital y las tierras públicas, que se relacionan particularmente con el Soberano o la comunidad, son dos fuentes de la renta que no producen fondo suficiente para ocurrir a los gastos de un gran estado, es necesario atender a la mayor parte de este gasto por medio de impuestos, y que el pueblo contribuya con una parte de su propia renta a formar la pública del Soberano o de la comunidad.

No seguiremos al autor en el examen de diferentes especies de contribuciones pero para dar una idea de su teoría presentaremos algunas máximas que desde luego establece sobre los impuestos en general.

I. Los vasallos de cada nación deben contribuir a sostener el gobierno con la proporción más exacta a sus facultades, esto es, a la renta que gozan respectivamente bajo la protección del Estado, el gasto del gobierno es para los individuos de una gran nación lo que es el gasto de administración para una compañía de propietarios obligados a contribuir a prorrata según el interés que tienen en ella. De la observancia o violación de esta máxima nace lo que se llama igualdad o desigualdad del impuesto. Debe notarse que todo impuesto que viene a recaer únicamente en una de las tres fuentes de la renta de que ya hemos hablado, a saber, la renta, el provecho y el salario, es desigual por necesidad, respecto que no grava las otras dos.

II. La contribución que cada individuo está obligado a pagar debe ser cierta, y no arbitraria. El tiempo y forma de pagar la cuota y demás circunstancias deben ser claras y precisas, tanto para el contribuyente, como para cualquiera otro i sin lo cual la persona sujeta al impuesto lo está más o menos al capricho del recaudador, que puede gravar a uno más de lo debido, o sacarle algún regalo por el temor de una vejación. La incertidumbre del impuesto fomenta la insolidaridad, y favorece la corrupción de una clase de individuos que, aunque no sean insolentes ni corrompidos, Son por lo general duros y groseros. La justícia de lo que cada individuo debe pagar es un punto de tanta trascendencia, que según la experiencia de todas las naciones, la desigualdad no es tan perjudicial como la menor incertidumbre.

III. Todo impuesto debe cobrarse en el tiempo más adecuado, y de la forma más llevadera para el contribuyente. Un impuesto sobre las tierras o casas, pagándose en el término mismo en que se cogen las cosechas y se cobran los alquileres, Sé exige en el tiempo que con viene más al contribuyente, esto es en el que tiene con que pagar. Los impuestos sobre los consumos, principalmente sobre los objetos de luxo, los viene a pagar al fin el consumidor, y en general del modo más adecuado, pues como está en su mano comprarlos o no, los satisface al tiempo que va comprando lo que necesita, y será responsabilidad suya verse incomodado por esta clase de impuestos.

Cada contribución debe estar calculada de manera que no se saque del pueblo sino la menor suma posible, ni más de la que entra en el tesoro público. Lo contrario puede ocurrir de cuatro modos diferentes. 1º E1 cobro de un derecho puede necesitar un gran numero de empleados, cuyos sueldos se llevan la mayor parte del producto de la contribución, y de cuya avaricia puede resultar nueva carga para el pueblo. 2º. Puede encadenar la industria, e impedir que se divida en ciertos ramos el trabajo propios para dar subsistencia y ocupación a un gran número de individuos. Así obligando al pueblo a pagar al pueblo, puede disminuir y destruir quizás alguno de los fondos que le pondrían en estado de hacerlo más favorablemente. 3º. Por las confiscaciones y multas en que han caído los infelices que procuraban substraerse al impuesto, pierde regularmente la sociedad las ventajas que podía sacar del empleo de sus capitales. Una contribución puesta sin juicio da tentación de eludirla, y es necesario proporcionar las multas a este grado de tentación. La ley contra todos los principios regulares de la justicia excita en verdad el deseo del fraude, y después castiga a los que lo cometen, e incluso agrava la pena en razón de las circunstancias que deberían hacerla moderar, esto es, en razón de la tentación de cometerlo. 4º Sujetando, al pueblo a visitas frecuentes, y a un examen odioso de los colectores o encargados de la cobranza del impuesto, le exponen inútilmente a ser inquietados y oprimidos, y aunque hablando con exactitud la vejación no es un gasto, es a lo menos el equivalente de lo que daría cada uno por libertarse de ella

Por estos cuatro caminos los impuestos suelen ser mucho más gravosos para el pueblo que útiles al Soberano.

Examina después el autor las diversas contribuciones que se han cobrado en diferentes siglos y países, y se manifiesta poco inclinado a la capitación. Si se procura, dice, proporcionar este impuesto a los bienes o renta del contribuyente ha de ser precisamente arbitrario, pues el estado de los bienes de un particular varía de un día a otro, y no se puede averiguar sin una inquisición más intolerable que cualquier impuesto, y que habrá que renovarse y repetirse a lo menos una vez cada año. Por lo mismo este impuesto no puede ser equitativo, y ha de depender las más veces del tiempo, o del buen o mal humor de los empleados de rentas.

Si se proporciona la capitación, no a los bienes que se le suponen, sino a la clase del contribuyente, ha de ser por precisión muy desigual, pues en una misma clase varían frecuentemente los bienes

Si quieren hacerla igual, entonces resultarán totalmente incierta y arbitraria; y si la quieren cierta, y no arbitraria, ha de ser precisamente desigual. Sea ligera o pesada, la incertidumbre es un gran mal que lleva consigo la contribución: una gran desigualdad puede tolerarse en una contribución ligera, pero en un impuesto pesado la desigualdad puede resultar insoportable.

En la capitación que se ha exigido en Francia desde principios de este siglo, las clases superiores han estado sujetas a una tarifa invariable de contribución según su rango, y las inferiores del pueblo según los bienes que se les atribuían. La capitación de los dependientes de la Corte, de jueces, de los oficiales de justicia y de las tropas, nunca varía, pero la del pueblo experimenta alteraciones constantes en las provincias. En Francia los Grandes se someten gustoso a la considerable desigualdad de una contribución que no es muy pesada para ellos, y no podrían sufrir las contribuciones la arbitrariedad del intendente.

La capitación sobre las clases inferiores del pueblo es: un impuesto que influye directamente en el salario del trabajo, y participa por consecuencia de todos los inconvenientes que lleva consigo. El cobro de este impuesto acarrea pocos gastos, y exigido con celo proporciona una renta segura al Estado: por lo mismo es muy común en los países en que no se tiene ninguna consideración a la conveniencia, alivio y seguridad de las clases inferiores del pueblo. Con todo, generalmente hablando la capitación suele formar una parte pequeña de la renta pública en un estado grande, y pudiera sacarse su producto de otro modo que fuese menos pesada.

La imposibilidad de hacer pagar una capitación según la renta de cada uno parece que fue el origen da los impuestos sobre las mercancías de consumo. El estado, no sabiendo como hacer pagar a sus vasallos con proporción a sus facultades, procura colocar el impuesto en sus gastos, que por lo regular son proporcionados a sus rentas: de aquí nacen los derechos sobre las mercancías de consumo, las cuales son o de necesidad o de lujo.

Como el sentido que se considera generalmente a estas dos palabras es arbitrario, el autor ha pensado que debía determinarlo. Entiendo, dice, por cosas necesarias, no solo lo que es indispensable para vivir, sino lo que contribuye a pasar con decencia cada uno según un estado o todas aquellas cosas de que las gentes de juicio de todas clases, aun las más inferiores, necesitan para su decencia, según la costumbre de los países. Una camisa de lienzo, hablando en rigor, no es absolutamente necesaria para vivir, pues los Griegos y Romanos no las llevaban, y no dejaban por eso de vivir con decencia j pero actualmente apenas hay jornalero honrado en casi toda la Europa que no se avergüence de presentarse en público sin una camisa de lienzo, sin la cual se le consideraría en aquella pobreza ignominiosa, que se presume ser efecto de la conducta más desarreglada. Lo mismo sucede en Inglaterra con los zapatos, que la costumbre ha hecho tan necesarios, que aun los más pobres de uno y otro sexo se afrentarían de presentarse en público sin ellos. En Escocia la costumbre no se ha extendido más que a los hombres; y las mujeres del ínfimo pueblo pueden ir descalzas sin que nadie lo repare. Los zapatos en Francia no son absolutamente necesarios ni a los hombres ni a las mujeres; ambos sexos del populacho van a veces con zuecos o descalzos sin perder de su aprecio.

Bajo la denominación de cosas necesarias entiendo yo no solamente todas las que la naturaleza nos ha impuesto como una necesidad, sino aun aquellas que la costumbre y reglas establecidas de la decencia han hecho indispensables a las últimas clases del pueblo; a todo lo demás llamo yo cosa de lujo, sin pretender por eso censurar el uso moderado de ellas.

Como el salario del trabajo se regula siempre por la necesidad que hay de él, y por el precio medio de los objetos necesarios a la subsistencia, todo lo que hace subir este precio medio causa por precisión la subida del salario. Si se impone una contribución sobre estos objetos necesarios, este impuesto hará subir sin equivocación su precio algo más que el importe de la contribución; porque el mercader que anticipa el derecho venderá en general sus efectos a un precio que le reembolse las anticipaciones con utilidad. De esta manera, las contribuciones de esta naturaleza hacen subir el salario del trabajo a proporción de este precio, de lo que se infiere que los impuestos sobre los artículos de primera necesidad obran exactamente como las contribuciones impuestas sobre el salario del trabajo. Aunque un artesano pudiese pagarlo por sí, no lo podría quizás adelantar a lo menos en todas las veces. Es necesario que al fin se lo adelante el que le ocupa , y que le anticipe su salario. Si el que le hace trabajar es un fabricante, se reembolsará con alguna utilidad en el precio de sus mercancías de lo que aumenta con la anticipación el salario; de modo que el pago del impuesto y el aumento de utilidad vienen a caer al fin sobre el consumidor. No sucede lo propio con los impuestos sobre los objetos de luxo. El precio subido de las mercancías de esta naturaleza, no quita a lás clases inferiores las facultades y medios de mantener sus familias. Esta especie de contribuciones hace cu el pobre industrioso y arreglado el efecto de las leyes suntuarias, y le disponen a usar con moderación, o a privarse enteramente de las superfluidades que no puede conseguir. El impuesto, en lugar de disminuirle los medios para mantenerse con su familia, se los aumentará quizás por esta abstinencia forzada: por el contrario, cualquier aumento en el precio medio de las cosas necesarias, que no tuviese alguna compensación proporcionada en el salario del trabajo, disminuiría más o menos entre los pobres la facultad de mantener las familias numerosas, y por consiguiente de ocurrir a la exigencia del trabajo útil, cualquiera que fuese esta mayor, menor, o en la misma cantidad ; esto es, cualquiera que fuese la población necesaria para atender a ella.

Los impuestos sobre las cosas de lujo solo aumentan el precio de aquellas añejas que los pagan. Las contribuciones sobre las cosas necesarias, al paso que suben los salarios del trabajo, hacen por necesidad aumentar el precio de las manufacturas, y disminuir por consecuencia su venta y consumo. Los impuestos sobre las cosas de luxo los pagan al fin los consumidores de las mercancías gravadas; recaen indiferentemente sobre toda especie de rentas, sobre el salario del trabajo, sobre las utilidades de los fondos, y sobre la renta de las tierras. Los impuestos sobre las cosas necesarias para vivir, cayendo sobre el pobre, los pagan finalmente en parte los propietarios de las tierras, cuyas rentas disminuyen, y en parte los consumidores ricos propietarios, u otros, en el precio adelantado de los efectos manufacturados, y siempre con un gravamen considerable por la ganancia de los que lo adelantan.

Resulta necesario observar que en todas las naciones el consumo de las clases inferiores del pueblo es mucho mayor, así en cantidad como en valor, que el de las personas del estado medio y superior. Las clases inferiores gastan más que las superiores: en primer lugar casi todo el capital del país se distribuye anualmente entre esas clases inferiores del pueblo en salarios del trabajo productivo: en segundo lugar una gran parte del rédito que proviene de la renta de las tierras y utilidad de los fondos, se distribuye también cada año en salarios y subsistencia de otros que no producen nada: en tercer lugar una parte de las utilidades de los fondos les pertenece como rédito de sus pequeños capitales. El importe de las ganancias que sacan anualmente los mercaderes, traficantes y tenderos de por menor es muy importante, y constituye una buena parte del producto anual; y en cuarto lugar también les toca una parte de la renta de las tierras, porque sin hablar de los que en la ínfima clase poseen a veces un celemín o dos de tierra, ¿cuántos hay algo inferiores al estado medio, que son dueños de fincas en tierras? De esta manera aunque estas clases inferiores, consideradas individualmente, sean muy pequeñas, si se consideran colectivamente, constituyen la porción más considerable de todo el gasto de la sociedad. Por consiguiente los impuestos, que por lo general recaen sobre el gasto de las clases superiores, deben producir naturalmente una renta mucho menor que los que caen indiferente sobre el consumo de todas las clases, o principalmente sobre el de las inferiores, pues en estos dos últimos casos las contribuciones están puestas sobre el producto anual, o sobre la porción más considerable de este producto.

No conviene dejar anulado que las contribuciones deben imponerse sobre el gasto de lujo de las clases inferiores del pueblo, y no sobre los géneros de primera necesidad. El pago final de su gasto necesario caería por completo sobre los superiores, esto es, sobre la parte más pequeña del producto anual, y no sobre la mayor: resultaría un aumento en el salario, o una disminución en el trabajo, el cual no puede disminuir sin disminuirse al mismo tiempo el producto anuo de las tierras y del trabajo del país, o lo que es lo mismo, los fondos de donde al fin vienen a salir todos los impuestos.

Las contribuciones sobre las cosas de lujo se pagan y pueden pagarse generalmente; pero al mismo tiempo los contribuyentes van comprando las mercancías gravadas: son estos impuestos los más cómodos, tanto por el tiempo, como por el modo de pagarlos, y se acercan también como cualquiera otro a las tres primeras máximas generales de las imposiciones; pero chocan absolutamente la cuarta, porque al paso, y en la misma proporción que van entrando en el tesoro del estado, hacen salir, y tienen más dinero fuera del bolsillo del pueblo, que casi todos los demás impuestos.

El cobro de esta especie de contribuciones, incluso cuando estén impuestas del modo más juicioso, exige un gran numero de funcionarios en la aduana y rentas, cuyos sueldos constituyen un impuesto real, que no va a parar al tesoro público.

Esta especie de imposiciones ocasiona por necesidad algún embarazo o decadencia en ciertos ramos de industria, y aumentando, el precio de la mercancía gravada, debilita el consumo, y por consecuencia la producción. Si es una mercancía del crudo, o de las fábricas del país, resulta menor cantidad de su trabajo en producción. Si es un efecto extranjero, cuyo precio se aumente con el impuesto, puede a la verdad resultar alguna ventaja en el mercado interior a los géneros, del país de la misma clase que los extranjeros; y esta ventaja debe hacer aplicar a aquel ramo una cantidad mayor de la industria doméstica; pero aunque el aumento de precio de una mercancía extranjera pueda fomentar la industria doméstica en un ramo particular de comercio, la debilita por necesidad en casi todos los demás. Cuanto más caro paguen los consumidores de un país el producto superabundante de otro, tanto más barata venden aquella parte sobrante del suyo con que la compran. Esta parte de su sobra posee para ellos menor valor, y por consecuencia menos se animan a alimentar su cantidad. Los impuestos sobre las cosas de consumo se inclinan a disminuir la cantidad del trabajo productivo a un punto menor del que se utilizaría, sea en preparar los géneros impuestos sí son del país, sea en preparar aquellos con que los compran en caso de ser extranjeros. Esta clase de impuestos varía también más o menos la dirección natural de la industria nacional, la encierra en un canal por lo común menos ventajoso, y siempre diferente de aquel a que se hubiera colocado espontáneamente.

III. La esperanza de substraerse de estas contribuciones por el fraude causa frecuentemente confiscaciones y multas, que arruinan por completo al contrabandista, hombre a la verdad reprensible en violar las leyes de su país, pero que quizás es incapaz de faltar a las de la justicia natural, y que por todos respetos hubiera sido un excelente ciudadano, si las leyes no hubieran elevado a la categoría de delito una cosa que no lo es por naturaleza. Son poquísimas las gentes que tienen escrúpulo de hacer el contrabando cuando tienen una ocasión fácil y segura. Aunque los que compran con pleno conocimiento géneros de contrabando contribuyen manifiestamente a violar las leyes, con todo si alguno quisiera manifestar escrúpulo en comprarlos, esta circunspección pasaría casi en todas partes por uno de aquellos rasgos de hipocresía, que lejos de ganar la confianza, solo serviría para hacer juzgar que el que la tuviese era el más taimado y pícaro de todos sus vecinos. Esta indulgencia del público excita con frecuencia al contrabandista a continuar en un oficio que se considera en cierto modo como inocente; y cuando toda la, fuerza de la ley va a caer sobre él, se le halla casi siempre pronto a defender por la violencia lo que la costumbre le ha hecho mirar como legitima propiedad. No siendo al principio más que imprudente, suele pasar al fin a ser uno de los más osados y determinados quebrantadores de las leyes de la sociedad. Por la ruina del contrabandista, su capital, que se utilizaba antes en mantener el trabajo productivo, se refunde en la renta del estado, o en la del oficial encargado de su cobro, pasando así a mantener gentes que no producen nada, lo cual disminuye el capital de la sociedad, y causa perjuicio a la industria útil que se empleaba con él.

IV. Esta clase de impuestos, que sujetan a los que venden los géneros gravados a las visitas e investigaciones odiosas de los inspectores del impuesto, los exponen a veces a cierto grado de opresión, y siempre a vejaciones e incomodidades, y aunque la vejación, rigurosamente hablando, no sea un gastó, como hemos mencionado, equivale a lo menos al que haría el particular por liberarse de ella.

Hablando de la renta publica, y del modo de cobrarla entre diferentes naciones, no podía el autor dejar de decir algo de los arrendadores generales, y manifestar su opinión sobre este punto con bastante claridad. Para tomar en arrendamiento, dice, un sector considerable de la renta pública, es necesario tener un gran capital o un gran crédito, circunstancias que por sí solas reducen a un número muy pequeño los concurrentes a semejantes empresas. Este corto número de sujetos, que podrían ser competidores en la puja, hallan que les conviene más unirse entre sí, que perjudicarse unos a otros, y cuando se pone a pregón el arriendo convienen en no hacer posturas que no sean muy inferiores a su valor real. En los parajes en que las rentas públicas son de mucha consideración, los particulares más opulentos son los arrendadores; su riqueza sola excita la indignación pública, y en lugar de calmarla la atizan más y más, por la vanidad que lleva siempre consigo una fortuna rápida, y por la manía imprudente de ostentar sus riquezas y opulencia.

Parece a los arrendadores de las rentas públicas que las leyes penales del Código Fiscal no son demasiado severas: tienen malísimo corazón con los contribuyentes que no son sus vasallos, y se les daría muy poco que el día después de concluido su arriendo hiciesen estos infelices una bancarrota universal. Cuando el Estado se encuentra en grandes apuros, y que el Soberano manifiesta la necesidad y deseos del pago exacto de sus rentas, rara vez dejan de quejarse, y de alegar que sin leyes más rigurosas que las que existen les será imposible pagar aun la renta ordinaria. Los apuros en que se halla el Gobierno no le permiten oponerse a sus representaciones. De esta manera las leyes relativas a las imposiciones se van haciendo más duras cada día; las más severas se hallan siempre en los países en que está arrendada la mayor parte de la renta, y las más suaves entre los pueblos donde se cobran las imposiciones bajo la inspección inmediata del Soberano. Un Príncipe, por malo que sea, tendrá su pueblo con más conmiseración que la que puede esperarse de los arrendadores de su renta, pues sabe que la grandeza permanente de su familia depende de la prosperidad de sus vasallos, y no destruirá voluntariamente esta prosperidad por un interés momentáneo y pasajero. Lo contrario sucede con los arrendadores, cuya grandeza puede ser la causa de la ruina, y no de la prosperidad del Estado.

Índice

Estudio preliminar

Investigación sobre la naturaleza y causas de la riqueza de las naciones

•FONTANA•

1. **LA DIVINA COMEDIA,** Dante
2. **EL ARTE DE LA GUERRA,** Sun Tzu
3. **LA ILÍADA,** Homero
4. **LA ODISEA,** Homero
5. **LA ENEIDA,** Virgilio
6. **EL RETRATO DE DORIAN GRAY,** Oscar Wilde
7. **LA METAMORFOSIS,** Franz Kafka
8. **FRANKENSTEIN,** Mary Shelley
9. **NECRONOMICÓN, LOS MEJORES RELATOS,** H. P. Lovecraft
10. **ALICIA EN EL PAÍS DE LAS MARAVILLAS,** L. Carroll
11. **A TRAVÉS DEL ESPEJO,** Lewis Carroll
12. **LA VUELTA AL MUNDO EN OCHENTA DÍAS,** J. Verne
13. **DRÁCULA,** Bram Stoker
14. **CUENTOS DE LA SELVA,** Horacio Quiroga
15. **EL FANTASMA DE LA ÓPERA,** Gaston Leroux
16. **LA BELLA Y LA BESTIA,** Velleneuve y Beaumont
17. **DE LA TIERRA A LA LUNA,** Julio Verne
18. **EL PROCESO,** Frank Kafka
19. **CUENTOS DE AMOR DE LOCURA Y DE MUERTE,** H. Quiroga
20. **ROMEO Y JULIETA,** William Shakespeare
21. **ASÍ HABLABA ZARATUSTRA,** Friedrich Nietzsche
22. **MANIFIESTO COMUNISTA,** K. Marx y F. Engels
23. **EL PRÍNCIPE,** Nicolás Maquiavelo
24. **EL KYBALIÓN,** Tres Iniciados
25. **MÁS ALLÁ DEL BIEN Y DEL MAL,** Friedrich Nietzsche
26. **EL ANTICRISTO,** Friedrich Nietzsche
27. **APOLOGÍA DE SÓCRATES,** Platón
28. **DIÁLOGOS,** Platón
29. **METAFÍSICA,** Aristóteles
30. **RETÓRICA,** Aristóteles
31. **ÉTICA A NICÓMACO,** Aristóteles
32. **ELOGIO DE LA LOCURA,** Erasmo de Rotterdam
33. **AURORA,** Friedrich Nietzsche
34. **AZUL...,** Rubén Darío
35. **SELECCIÓN POÉTICA,** Federico García Lorca
36. **SENTIDO Y SENSIBILIDAD,** Jane Austen
37. **EL FANTASMA DE CANTERVILLE Y OTROS RELATOS,** O. Wilde
38. **EL PRÍNCIPE FELIZ Y OTROS CUENTOS,** Oscar Wilde
39. **CORAZÓN: DIARIO DE UN NIÑO,** Edmondo de Amicis
40. **ALREDEDOR DE LA LUNA,** Julio Verne

41. **LA MURALLA CHINA,** Franz Kafka
42. **AMÉRICA,** Franz Kafka
43. **EL PERRO DE LOS BASKERVILLE,** Arthur Conan Doyle
44. **EL DOCTOR JEKYLL Y MISTER HYDE,** Robert Louis Stevenson
45. **YERMA · DOÑA ROSITA LA SOLTERA,** Federico García Lorca
46. **SELECCIÓN DE CUENTOS,** Hermanos Grimm
47. **SELECCIÓN DE CUENTOS,** Christian Andersen
48. **EL MARAVILLOSO MAGO DE OZ,** Lyman Frank Baum
49. **EL CREPÚSCULO DE LOS ÍDOLOS,** Friedrich Nietzsche
50. **LA REPÚBLICA,** Platón
51. **EL CUERVO Y OTROS POEMAS,** Edgar Allan Poe
52. **LA MÁSCARA DE LA MUERTE ROJA Y OTROS RELATOS,** E. A. Poe
53. **EL CONTRATO SOCIAL,** Rousseau
54. **TRES ENSAYOS SOBRE LA TEORÍA SEXUAL,** Sigmund Freud
55. **PRINCIPIOS ELEMENTALES DE LA FILOSOFÍA,** Georges Politzer
56. **POPOL VUH & CHILAM BALAM**
57. **CANCIÓN DE NAVIDAD,** Charles Dickens
58. **EL INVITADO DE DRÁCULA Y OTRAS HISTORIAS DE TERROR,** Bram Stoker
59. **SALOMÉ & UNA MUJER SIN IMPORTANCIA,** Oscar Wilde
60. **INVESTIGACIÓN SOBRE LA NATURALEZA Y CAUSAS DE LA RIQUEZA DE LAS NACIONES,** Adam Smith
61. **EL ESCARABAJO DE ORO Y OTROS RELATOS,** Edgar Allan Poe
62. **HOJAS DE HIERBA,** Walt Whitman
63. **TAO TE KING,** Lao Tse
64. **MARTÍN FIERRO,** José Hernández
65. **MARÍA,** Jorge Isaacs
66. **EL ARTE DE AMAR · EL REMEDIO DEL AMOR,** Ovidio
67. **EL PROFETA · EL JARDÍN DEL PROFETA,** Khalil Gibrán
68. **DESOBEDIENCIA CIVIL Y OTROS TEXTOS,** Henry David Thoreau
69. **EL VALLE DEL TERROR,** Arthur Conan Doyle
70. **LA TEOGONÍA,** Hesíodo
71. **LA CASA DE BERNARDA ALBA · LA ZAPATERA PRODIGIOSA,** Federico García Lorca
72. **LAS FLORES DEL MAL,** Charles Baudelaire
73. **EL TERROR EN LA LITERATURA,** H. P. Lovecraft
74. **EL MUNDO COMO YO LO VEO,** Albert Einstein
75. **LOS MITOS DE CTHULHU,** H. P. Lovecraft
76. **UTOPÍA,** Tomás Moro
77. **EL GATO NEGRO Y OTROS RELATOS,** Edgar Allan Poe
78. **EN LAS MONTAÑAS DE LA LOCURA,** H. P. Lovecraft
79. **CUMBRES BORRASCOSAS,** Emily Brontë